Seneca

Epistulae morales ad Lucilium

Liber II
Epistulae XIII-XXI

Latein/Deutsch

Michael Weischede

Herstellung und Verlag

Books on Demand GmbH Norderstedt

ISBN 9783751922081

Bibliografische Information der Deutschen Nationalbibliothek

Die Deutsche Nationalbibliothek verzeichnet diese Publikation in der
Deutschen Nationalbibliografie; detaillierte bibliografische Daten sind im
Internet über http://dnb.dnb.de abrufbar.

Vorwort

Senecas Briefe an seinen Freund Lucilius gehören zu den wenigen Texten der lateinischen Literatur, die auch nach dem Zusammenbruch des Römischen Reiches nicht in Vergessenheit gerieten. Während die meisten Publikationen der Antike erst in der Renaissance „wiedergeboren" wurden, fanden die Epistulae morales ad Lucilium bis in unsere Zeit hinein durchgängig eine interessierte Leserschaft. Aus diesem Grund herrscht auch heute kein Mangel an Übersetzungen der Briefe. Es erschien mir deshalb wenig sinnvoll, eine weitere hinzuzufügen, ohne einen gesonderten Schwerpunkt zu setzen. Ich habe mich deshalb ganz bewusst für ein möglichst text- und wortgetreues Vorgehen entschieden und mich dabei, soweit es ging, an die Wortvorschläge der gängigen Lexika gehalten (Georges, PONS, Stowasser, Langenscheidt usw.). Vor allem Schülern sollte es auf diese Weise leichter fallen, die Übersetzung aus dem Lateinischen nachzuvollziehen und bei Bedarf mit ihren eigenen Bemühungen zu vergleichen.

Der lateinische Textteil stammt aus verschiedenen Internetquellen, wobei das Augenmerk auf der Gemeinfreiheit lag. Er ist also nicht editiert, und ich habe mir zudem erlaubt, ihn hier und da an meine stilistischen Vorlieben anzupassen. Für ein ernsthaftes wissenschaftliches Arbeiten ist er dementsprechend nicht geeignet. Er soll nur aufzeigen, auf welcher Grundlage die Übersetzung erfolgte.

Soweit mir meine Motivation für dieses Projekt nicht abhanden kommt, werde ich nach und nach alle 20 Bücher mit den Briefen an Lucilius übersetzen und veröffentlichen. Bei meiner eher gemächlichen Arbeitsweise kann das allerdings einige Zeit dauern ...

Dortmund im Mai 2020

Liber II – Epistula XIII

Seneca Lucilio suo Salutem,

(1) Multum tibi esse animi scio; nam etiam antequam instrueres te praeceptis salutaribus et dura vincentibus, satis adversus fortunam placebas tibi, et multo magis postquam cum illa manum conseruisti viresque expertus es tuas, quae numquam certam dare fiduciam sui possunt nisi cum multae difficultates hinc et illinc apparuerunt, aliquando vero et propius accesserunt. Sic verus ille animus et in alienum non venturus arbitrium probatur; haec eius obrussa est.

(2) Non potest athleta magnos spiritus ad certamen afferre qui numquam suggillatus est: ille qui sanguinem suum vidit, cuius dentes crepuere sub pugno, ille qui subplantatus ad versarium toto tulit corpore nec proiecit animum proiectus, qui quotiens cecidit contumacior resurrexit, cum magna spe descendit ad pugnam.

(3)Ergo, ut similitudinem istam prosequar, saepe iam fortuna supra te fuit, nec tamen tradidisti te, sed subsiluisti et acrior constitisti; multum enim adicit sibi virtus lacessita. Tamen, si tibi videtur, accipe a me auxilia quibus munire te possis.

Buch 2 – Brief 13

Seneca grüßt seinen Lucilius,

(1) Ich weiß, dass du eine große Charakterstärke besitzt; denn auch bevor du dich mit heilsamen und die Mühsal überwindenden Lehren ausgestattet hast, gefielst du dir recht wohl im widrigen Schicksal, und erst recht, nachdem du mit ihm aneinandergeraten bist und du deine Kräfte erprobt hast, die von sich aus niemals zuverlässigen Schutz gewähren können, wenn sie sich nicht hier und dort unter vielen Schwierigkeiten bewährt haben – sie irgendwann wahrhaftig und nahe herangetreten sind. Derart wird jener echte und sich nicht einem fremden Schiedsspruch beugende Charakter bewiesen; dies ist seine Feuerprobe.

(2) Ein Athlet, der niemals verprügelt wurde, kann kein großes Selbstbewusstsein in den Wettkampf miteinbringen; jener lässt sich mit hoher Erwartung auf einen Wettstreit ein, der sein eigenes Blut erblickt hat, dessen Zähne unter der Faust geborsten sind, jener, der, nachdem er zu Fall gebracht wurde, den Gegner mit ganzem Körper ertrug und, obgleich zu Boden geworfen, den Mut nicht aufgab, der sich jedes Mal wenn er hinfiel, hartnäckiger wieder erhoben hat.

(3) Also, um dieses Gleichnis zu Ende zu führen: oft schon stand das Schicksal über dir, und trotzdem hast du dich ihm nicht überlassen, sondern bist aufgesprungen und hast dich ziemlich energisch behauptet; nachdem sie herausgefordert wurde, steigert sich die Tatkraft nämlich oft. Wenn es dir richtig erscheint, nimm dennoch Hilfsmittel von mir an, mit denen du dich zu schützen vermagst.

(4) Plura sunt, Lucili, quae nos terrent quam quae premunt, et saepius opinione quam re laboramus. Non loquor tecum Stoica lingua, sed hac summissiore; nos enim dicimus omnia ista quae gemitus mugitusque exprimunt levia esse et contemnenda. Omittamus haec magna verba, sed, di boni, vera: illud tibi praecipio, ne sis miser ante tempus, cum illa quae velut imminentia expavisti fortasse numquam ventura sint, certe non venerint.

(5) Quaedam ergo nos magis torquent quam debent, quaedam ante torquent quam debent, quaedam torquent cum omnino non debeant; aut augemus dolorem aut praecipimus aut fingimus.

Primum illud, quia res in controversia est et litem contestatam habemus, in praesentia differatur. Quod ego leve dixero tu gravissimum esse contendes; scio alios inter flagella ridere, alios gemere sub colapho. Postea videbimus utrum ista suis viribus valeant an imbecillitate nostra.

(6) Illud praesta mihi, ut, quotiens circumsteterint qui tibi te miserum esse persuadeant, non quid audias sed quid sentias cogites, et cum patientia tua delibera ac te ipse interroges, qui tua optime nosti: 'Quid est quare isti me complorent? Quid est quod trepident, quod contagium quoque mei timeant, quasi transilire calamitas possit? Est aliquid istic mali, an res ista magis infamis est quam mala?' Ipse te interroga: 'Numquid sine causa crucior et maereo et quod non est malum facio?'

(4) Mehr gibt es, Lucilius, das uns erschreckt, als das uns niederhält, und öfter leiden wir unter einer Einbildung als unter einer Tatsache. Ich rede mit dir nicht in der stoischen Sprache, sondern in der heutigen, anspruchsloseren; wir bestimmen nämlich all dieses, unbedeutend und nicht beachtenswert zu sein, was wir mit Klagen und Getöse ausdrücken. Wir lassen diese tugendhaften, aber, gute Götter, wahren Worte beiseite: nur so viel rate ich dir, damit du nicht vor der Zeit unglücklich bist, weil jenes, das du gleichsam als bevorstehend befürchtet hast, möglicherweise niemals eintreffen wird, sicherlich nicht eingetroffen ist.

(5) Manches beunruhigt uns also mehr, als es muss, manches beunruhigt uns früher, als es muss, manches beunruhigt uns, obgleich es überhaupt nicht muss; entweder übertreiben wir den Schmerz oder wir nehmen ihn vorweg oder denken ihn uns aus.

Jenes erste soll für den Augenblick aufgeschoben werden, weil sich die Sache im Streit befindet und wir einen Prozess eingeleitet haben. Du wirst behaupten, dass sehr folgenschwer ist, was ich als unbedeutend bezeichnen werde; ich weiß, dass die einen unter Peitschen lachen, die anderen bei einer Backpfeife stöhnen. Später werden wir sehen, ob dieses aus eigener Stärke oder durch unsere Schwäche Geltung haben soll.

(6) Beweise mir nur soviel, dass du, jedes Mal wenn dich diejenigen umringen, die dir einreden wollen, dass du unglücklich bist, nicht in Erwägung ziehst, was du hörst, sondern was du fühlst, und dass du mit der dir eigenen Geduld abwägst und, der du deine Situation am besten untersucht hast, dich auch selbst fragst: „Was ist es, weshalb jene mich beklagen? Was ist es, dass sie sich ängstigen, dass sie gleichfalls auch eine Berührung durch mich fürchten, als ob das Unglück hinüberspringen könnte? Ist irgendetwas Schlimmes daran, oder ist diese Sache mehr verrufen als schlecht?" Selbst frage dich: „Quäle und betrauere ich mich vielleicht ohne Grund und bringe ich ein Übel hervor, das nicht existiert?"

7) 'Quomodo', inquis, 'intellegam, vana sint an vera quibus angor?' Accipe huius rei regulam: aut praesentibus torquemur aut futuris aut utrisque. De praesentibus facile iudicium est: si corpus tuum liberum et sanum est, nec ullus ex iniuria dolor est, videbimus quid futurum sit: hodie nihil negotii habet.

(8) 'At enim futurum est.' Primum dispice an certa argumenta sint venturi mali; plerumque enim suspicionibus laboramus, et illudit nobis illa quae conficere bellum solet fama, multo autem magis singulos conficit. Ita est, mi Lucili: cito accedimus opinioni; non coarguimus illa quae nos in metum adducunt nec excutimus, sed trepidamus et sic vertimus terga quemadmodum illi quos pulvis motus fuga pecorum exuit castris aut quos aliqua fabula sine auctore sparsa conterruit.

(9) Nescio quomodo magis vana perturbant; vera enim modum suum habent: quidquid ex incerto venit coniecturae et paventis animi licentiae traditur. Nulli itaque tam perniciosi, tam inrevocabiles quam lymphatici metus sunt; ceteri enim sine ratione, hi sine mente sunt.

(7) „Auf welche Weise werde ich erkennen", fragst du, „ob eingebildet oder echt ist, wodurch ich geängstigt werde?" Nimm dafür als Richtschnur entgegen: wir werden entweder durch Gegenwärtiges beunruhigt oder durch Künftiges oder durch beides. In Bezug auf Gegenwärtiges ist eine Beurteilung leicht: wenn dein Körper frei und gesund ist, und aus Unrecht nicht irgendein Leid existiert, werden wir sehen, was sich in Zukunft ereignet: der heutige Tag besitzt nichts an Unannehmlichkeit.

(8) „Aber es ereignet sich ja in der Zukunft." Erwäge zuerst, ob es sichere Beweise für eine ungünstige Zukunft gibt; gewöhnlich werden wir nämlich von Ahnungen geplagt, und es täuscht uns jenes Gerede, dass gewöhnlich einen Krieg beendet, um vieles eher jedoch einen Einzelnen aufreibt. Es ist so mein Lucilius: wir schließen uns schnell einer Vermutung an; wir widerlegen jene nicht, die uns in Angst versetzen, und wir prüfen sie nicht genau, sondern wir ängstigen uns und so wenden wir uns zur Flucht gleich jenen, die eine Staubwolke, die bei der Flucht einer Herde aufgewirbelt wurde, aus dem Kriegslager herauslockte, oder die irgendeine, ohne Zeuge verbreitete Geschichte eingeschüchtert hat.

(9) Ich weiß nicht, auf welche Weise Unwahrheiten mehr Verwirrung stiften; die Wirklichkeit hat nämlich ihr Maß: alles, was aus der Ungewissheit entsteht, wird der Vermutung und der Willkür des verängstigten Gemüts ausgeliefert. Nichts ist daher so gefährlich, nichts so unwiderruflich wie panische Ängste; die anderen sind jedenfalls ohne Ursache, diese ohne Verstand.

(10) Inquiramus itaque in rem diligenter. Verisimile est aliquid futurum mali: non statim verum est. Quam multa non exspectata venerunt! Quam multa exspectata nusquam comparuerunt! Etiam si futurum est, quid iuvat dolori suo occurrere? Satis cito dolebis cum venerit: interim tibi meliora promitte.

(11) Quid facies lucri? Tempus. Multa intervenient quibus vicinum periculum vel prope admotum aut subsistat aut desinat aut in alienum caput transeat: incendium ad fugam patuit; quosdam molliter ruina deposuit; aliquando gladius ab ipsa cervice revocatus est; aliquis carnifici suo superstes fuit. Habet etiam mala fortuna levitatem. Fortasse erit, fortasse non erit: interim non est; meliora propone.

(12) Nonnumquam, nullis apparentibus signis quae mali aliquid praenuntient, animus sibi falsas imagines fingit: aut verbum aliquod dubiae significationis detorquet in peius aut maiorem sibi offensam proponit alicuius quam est, et cogitat non quam iratus ille sit, sed quantum liceat irato. Nulla autem causa vitae est, nullus miseriarum modus, si timetur quantum potest. Hic prudentia prosit, hic robore animi evidentem quoque metum respue; si minus, vitio vitium repelle, spe metum tempera. Nihil tam certum est ex his quae timentur ut non certius sit et formidata subsidere et sperata decipere.

(10) Wir sollten daher in dieser Angelegenheit sehr sorgfältig nachforschen. In irgendeiner Zukunft ereignet sich wahrscheinlich ein Unheil; es steht allerdings nicht fest. Wie viel, das nicht erwartet wurde, ist eingetroffen? Wie viel, das erwartet wurde, hat sich nirgends eingestellt? Selbst wenn es sich in Zukunft ereignet, was hilft es, seinem Schmerz entgegenzueilen? Wenn es eintritt, wirst du schnell genug leiden: inzwischen mache dir Hoffnung auf Besseres.

(11) Was wirst du gewinnen, Lucilius? Zeit. Vieles wird dazwischen kommen, so dass eine nahe oder fast herangerückte Gefahr entweder Halt macht oder ablässt oder auf eine fremde Person übergeht: das Feuer ließ die Möglichkeit zur Flucht offen; der Sturz setzte einige sanft ab; zuweilen wurde das Schwert sogar vom Nacken abgewendet; manch einer überlebte seinen Henker. Auch das missliche Schicksal zeigt Wankelmut. Vielleicht wird es sich ereignen, vielleicht wird es sich nicht ereignen: einstweilen existiert es nicht; stell dir Gedeihlicheres vor Augen.

(12) Manchmal, ohne sichtbare Anzeichen, die vorab etwas Nachteiliges verkünden, schafft sich der Verstand unbegründete Trugbilder: entweder dreht er irgendein Wort von ungewisser Bedeutung ins Schlechtere oder er stellt sich jemandes Kränkung größer vor, als sie ist, und er bedenkt nicht, wie zornig jener ist, sondern in welchem Maße er zornig sein darf. Es gibt jedoch keinen Lebensgrund, kein Maß des Elends, wenn er sich fürchtet, so sehr er kann. Hier hilft die Klugheit, hier weise mit der Kraft des Geistes auch die augenscheinliche Furcht zurück; wenn nicht das, verhindere eine Verfehlung mit einer Verfehlung, lindere die Furcht mit der Hoffnung. Nichts von dem, was gefürchtet wird, ist so sicher, als dass nicht sicherer ist, dass sowohl die Furcht nachlässt, als auch die Hoffnungen täuschen.

(13) Ergo spem ac metum examina, et quotiens incerta erunt omnia, tibi fave: crede quod mavis. Si plures habebit sententias metus, nihilominus in hanc partem potius inclina et perturbare te desine ac subinde hoc in animo volve, maiorem partem mortalium, cum illi nec sit quicquam mali nec pro certo futurum sit, aestuare ac discurrere. Nemo enim resistit sibi, cum coepit impelli, nec timorem suum redigit ad verum; nemo dicit: 'Vanus auctor est, vanus [est]: aut finxit aut credidit'. Damus nos aurae ferendos; expavescimus dubia pro certis; non servamus modum rerum, statim in timorem venit scrupulus.

(14) Pudet me [ibi] sic tecum loqui et tam lenibus te remediis focilare. Alius dicat: 'Fortasse non veniet' – tu dic: 'Quid porro, si veniet? Videbimus uter vincat; fortasse pro me venit, et mors ista vitam honestabit'. Cicuta magnum Socratem fecit. Catoni gladium assertorem libertatis extorque: magnam partem detraxeris gloriae.

(15) Nimium diu te cohortor, cum tibi admonitione magis quam exhortatione opus sit. Non in diversum te a natura tua ducimus: natus es ad ista quae dicimus; eo magis bonum tuum auge et exorna.

(13) Wäge folglich Hoffnung und Angst ab, und sooft vollständige Unge-
wissheiten herrschen, sei dir gnädig: glaube, was du lieber willst. Wenn
die Furcht von mehreren Meinungen getragen wird, neige dich trotzdem
lieber in die erwähnte Richtung und höre auf, dich in Unruhe zu versetzen, und bedenke immer wieder dieses im Geiste, dass ein großer Teil der
Menschen, obwohl ihm weder etwas an Schlechtem widerfährt noch für
gewiss widerfahren wird, er leidenschaftlich bewegt ist und hierhin und
dorthin rennt. Niemand nämlich leistet sich selbst Widerstand, nachdem
er angefangen hat, sich in Bewegung zu setzen, und er vermindert seine
Angst nicht in Bezug auf das Tatsächliche; niemand sagt: „Unzuverlässig
ist mein Zeuge, unglaubwürdig ist er: entweder hat er es sich ausgedacht
oder es für wahr gehalten". Wir gestatten einem Luftzug uns zu tragen;
vor Zweifeln schrecken wir für gewiss zurück; wir wahren nicht das Maß
der Dinge, mit der Furcht nähert sich sogleich die Besorgnis.

(14) Es beschämt mich, in diesem Punkt derart mit dir zu sprechen und
dich mit so milden Heilmitteln wiederzubeleben. Ein anderer könnte sagen: „Möglicherweise wird es nicht eintreffen" – du sage: „Was nun aber,
wenn es eintreffen wird? Wir werden sehen, wer siegt. Vielleicht gerät es
mir zum Vorteil, und dieser Tod wird das Leben auszeichnen". Der
Schierlingsbecher hat den großen Sokrates erschaffen. Entwinde Cato das
Schwert, den Beschützer der Freiheit: du wirst ihm einen großen Teil des
Ruhms entreißen.

(15) Allzu lange ermuntere ich dich, obgleich du eher eine Erinnerung als
eine Ermunterung benötigst. Wir führen dich nicht in eine von deiner Natur entgegensetzten Richtung: du bist für das geboren, wovon wir sprechen; umso mehr vergrößere und ordne dein geistiges Gut.

(16) Sed iam finem epistulae faciam, si illi signum suum in pressero, id est aliquam magnificam vocem perferendam ad te mandavero. 'Inter cetera mala hoc quoque habet stultitia: semper incipit vivere.' Considera quid vox ista significet, Lucili virorum optime, et intelleges quam foeda sit hominum levitas cotidie nova vitae fundamenta ponentium, novas spes etiam in exitu inchoantium.

(17) Circumspice tecum singulos: occurrent tibi senes qui se cum maxime ad ambitionem, ad peregrinationes, ad negotiandum parent. Quid est autem turpius quam senex vivere incipiens? Non adicerem auctorem huic voci, nisi esset secretior nec inter vulgata Epicuri dicta, quae mihi et laudare et adoptare permisi. Vale.

---

(16) Aber alsbald möchte ich den Brief beenden, wenn ich ihm nämlich seine Parole aufgedrückt, das heißt, mit einer großartigen Äußerung zur Übergabe an dich beauftragt habe. „Inmitten der übrigen Fehler, besitzt die Dummheit auch diesen: immerwährend beginnt sie zu leben." Überlege, was diese Äußerung bedeuten soll, allerbester Lucilius, und du wirst einsehen, wie abscheulich der Wankelmut der Menschen ist, die jeden Tag ein neues Fundament fürs Leben errichten, die selbst vor dem Lebensende neue Hoffnungen zu begründen suchen.

(17) Mustere für dich jeden Einzelnen: es werden dir die alten Männer ins Auge fallen, die sich mehr denn je zu Amtsbewerbung, zu Reisen und zum Handeltreiben anschicken. Was ist aber peinlicher, als ein alter Mann, der zu leben beginnt? Ich würde den Urheber dieser Äußerung nicht hinzufügen, wenn sie nicht ziemlich selten und nicht unter die allgemein verbreiteten Sprüche Epikurs fallen würde, die ich mir erlaubt habe, sowohl gutzuheißen als auch anzunehmen. Lebe wohl.

Liber II – Epistula XIV

Seneca Lucilio suo Salutem,

(1) Fateor insitam esse nobis corporis nostri caritatem; fateor nos huius gerere tutelam. Non nego indulgendum illi, serviendum nego; multis enim serviet qui corpori servit, qui pro illo nimium timet, qui ad illud omnia refert.

(2) Sic gerere nos debemus, non tamquam propter corpus vivere debeamus, sed tamquam non possimus sine corpore; huius nos nimius amor timoribus inquietat, sollicitudinibus onerat, contumeliis obicit; honestum ei vile est cui corpus nimis carum est. Agatur eius diligentissime cura, ita tamen ut, cum exiget ratio, cum dignitas, cum fides, mittendum in ignes sit.

(3) Nihilominus quantum possumus evitemus incommoda quoque, non tantum pericula, et in tutum nos reducamus, excogitantes subinde quibus possint timenda depelli. Quorum tria, nisi fallor, genera sunt: timetur inopia, timentur morbi, timentur quae per vim potentioris eveniunt.

Buch 2 – Brief 14

Seneca grüßt seinen Lucilius,

(1) Ich gebe zu, dass uns die Wertschätzung für unseren Körper angeboren ist; ich gebe zu, dass wir dessen Bewahrung in uns tragen. Ich bestreite nicht, dass man sich um ihn sorgen muss, ich bestreite, dass man ihm dienen muss; der Sklave vieler wird nämlich sein, der Sklave seines Körpers ist, der um seinetwillen allzu besorgt ist, der sich ganz nach ihm richtet.

(2) Auf diese Weise müssen wir uns benehmen, nicht als ob wir verpflichtet wären, des Körpers wegen zu leben, sondern als ob wir ohne den Körper nicht könnten; die Liebe zu ihm behelligt uns übermäßig mit Furcht, überhäuft uns mit Sorgen, setzt uns Kränkungen aus; gering ist die Würde von demjenigen, dem der Körper übermäßig kostbar ist. Man soll ihn gründlichst mit Aufmerksamkeit behandeln, jedoch unter der Bedingung, dass er ins Feuer geworfen werden könnte, wenn die Vernunft, die Würde, die Redlichkeit es erfordern wird.

(3) Wir sollten trotzdem, soweit wir imstande sind, gleichfalls auch den Widrigkeiten ausweichen, nicht nur den Gefahren, und uns an einen sicheren Ort zurückziehen, immer wieder ergründend, womit zu Fürchtendes abgewehrt werden kann. Wenn ich mich nicht täusche, gibt es drei Arten davon: man fürchtet Armut, man fürchtet Krankheiten, man fürchtet, was vermöge der Gewalt eines Mächtigen geschieht.

(4) Ex his omnibus nihil nos magis concutit quam quod ex aliena potentia impendet; magno enim strepitu et tumultu venit. Naturalia mala quae rettuli, inopia atque morbus, silentio subeunt nec oculis nec auribus quicquam terroris incutiunt: ingens alterius mali pompa est; ferrum circa se et ignes habet et catenas et turbam ferarum quam in viscera immittat humana.

(5) Cogita hoc loco carcerem et cruces et eculeos et uncum et adactum per medium hominem qui per os emergeret stipitem et distracta in diversum actis curribus membra, illam tunicam alimentis ignium et illitam et textam, et quidquid aliud praeter haec commenta saevitia est.

(6) Non est itaque mirum, si maximus huius rei timor est cuius et varietas magna et apparatus terribilis est. Nam quemadmodum plus agit tortor quo plura instrumenta doloris exposuit – specie enim vincuntur qui patientiae restitissent –, ita ex iis quae animos nostros subigunt et domant plus proficiunt quae habent quod ostendant. Illae pestes non minus graves sunt – famem dico et sitim et praecordiorum suppurationes et febrem viscera ipsa torrentem –, sed latent, nihil habent quod intentent, quod praeferant: haec ut magna bella aspectu paratuque vicerunt.

(4) Von all diesen beunruhigt uns nichts mehr als dasjenige, das von feindseligen Machthabern droht; es nähert sich nämlich mit großem Lärm und Aufruhr. Die natürlichen Übel, die ich vorgetragen habe, Armut und Krankheit, schleichen sich unbemerkt heran, flößen weder Ohren noch Augen irgendetwas an Schrecken ein: ungeheuer groß ist der Umzug des anderen Übels; es umgibt sich mit Schwert und Feuer und auch mit Ketten und einem Rudel wilder Tiere, damit es sich auf das Fleisch der Menschen stürzt.

(5) Denke an dieser Stelle an den Kerker, die Kreuzigungen, die Folterpferde, den Widerhaken, den Pfahl, durch die Mitte des Menschen hineingetrieben, sodass er aus dem Mund zum Vorschein kommt, und an die losgerissenen Körperteile, nachdem die Pferdewagen in die entgegengesetzte Richtung getrieben wurden, an jene Tunika, mit Brennmaterial sowohl bestrichen als auch gewoben, und was immer auch sonst die Grausamkeit über dieses hinaus ersonnen hat.

(6) Es ist daher nicht verwunderlich, dass die Furcht vor der eben erwähnten Lage am größten ist, da ja deren Mannigfaltigkeit sowohl groß als auch das Werkzeug schrecklich ist. Denn wie ein Folterknecht mehr hervor-bringt, der mehrere Folterinstrumente zur Schau gestellt hat – durch den Anblick werden nämlich diejenigen gebrochen, die mit Gleichmut Widerstand geleistet hätten –, so richten von denen, die unsere Herzen unterjochen und bezwingen, diejenigen mehr aus, die halten, was sie ankündigen. Die vorher genannten Geißeln sind nicht weniger schwer – ich spreche von Hunger und Durst, von Magengeschwüren und von Fieber, das selbst die Eingeweide ausdörrt –, aber sie halten sich verborgen, sie besitzen nichts, was sie drohend ausrichten, was sie öffentlich zur Schau tragen könnten. Wie in großen Schlachten haben diese mit dem Sichtbarwerden und durch die Vorbereitung die Oberhand erlangt.

(7) Demus itaque operam, abstineamus offensis. Interdum populus est quem timere debeamus; interdum, si ea civitatis disciplina est ut plurima per senatum transigantur, gratiosi in eo viri; interdum singuli quibus potestas populi et in populum data est. Hos omnes amicos habere operosum est, satis est inimicos non habere. Itaque sapiens numquam potentium iras provocabit, immo [nec] declinabit, non aliter quam in navigando procellam.

(8) Cum peteres Siciliam, traiecisti fretum Temerarius gubernator contempsit austri minas – ille est enim qui Siculum pelagus exasperet et in vertices cogat; non sinistrum petit litus sed id a quo propior Charybdis maria convolvit. At ille cautior peritos locorum rogat quis aestus sit, quae signa dent nubes; longe ab illa regione verticibus infami cursum tenet. Idem facit sapiens: nocituram potentiam vitat, hoc primum cavens, ne vitare videatur; pars enim securitatis et in hoc est, non ex professo eam petere, quia quae quis fugit damnat.

(9) Circumspiciendum ergo nobis est quomodo a vulgo tuti esse possimus. Primum nihil idem concupiscamus: rixa est inter competitores. Deinde nihil habeamus quod cum magno emolumento insidiantis eripi possit; quam minimum sit in corpore tuo spoliorum. Nemo ad humanum sanguinem propter ipsum venit, aut admodum pauci; plures computant quam oderunt. Nudum latro transmittit; etiam in obsessa via pauperi pax est.

(7) Wir sollten uns deshalb Mühe geben und auf Schmähungen verzichten. Bisweilen ist es das Volk, das wir fürchten müssen; bisweilen, falls dort eine Stadtverordnung vorgibt, dass die meisten Dinge durch den Senat ausgehandelt werden, die einflussreichen Männer darin; bisweilen Einzelne, denen die Staatsgewalt sogar gegen das Volk übertragen wurde. Es ist mühsam, diese alle als Freunde zu haben, es genügt, sie nicht als Feinde zu haben. Deshalb wird der Weise niemals Zornausbrüche der Mächtigen herausfordern, vielmehr wird er sie vermeiden, nicht anders als beim Segeln den Sturm.

(8) Als du Sizilien aufgesucht hast, überquertest du eine Meerenge. Der unbedachte Steuermann hat die Drohungen des Südwinds missachtet – es ist nämlich jener, der das Meer vor Sizilien aufwühlt und in Wirbeln zusammendrängt; er wendete sich nicht dem linken Meeresufer zu, sondern demjenigen, an dem Charybdis in der Nähe das Meer umwälzt. Aber der vorsichtigere [Steuermann] fragt freilich die Ortskundigen, welche Strömung herrscht und welche Zeichen die Wolken geben; fern von jener berüchtigten Gegend mit den Strudeln hält er den Kurs. Dasselbe macht der Weise: eine Macht, die ihm schaden will, vermeidet er, hierzu stellt er zuerst sicher, dass nicht sichtbar wird, dass er sie meidet; ein Teil seiner Sicherheit liegt nämlich auch darin, diese nicht ausdrücklich zu erstreben, weil er das, was er meidet, verurteilt.

(9) Wir müssen also überlegen, auf welche Weise wir vor der breiten Masse sicher sein können. Zuerst sollten wir keineswegs dasselbe begehren: zwischen Konkurrenten gibt es Streit. Daher sollten wir nichts besitzen, das mit großem Gewinn von jemanden, der darauf lauert, geraubt werden kann; es sollte möglichst wenig Beute an deinem Körper geben. Niemand rückt gegen das menschliche Blut wegen seiner selbst an, oder nur sehr wenige; mehr [Menschen] denken an ihren Vorteil, als dass sie einen Hass gefasst haben. Einen Nackten lässt der Räuber vorübergehen: sogar auf einem belagerten Weg hat der Arme seine Ruhe.

(10) Tria deinde ex praecepto veteri praestanda sunt ut vitentur: odium, invidia, contemptus. Quomodo hoc fiat sapientia sola monstrabit; difficile enim temperamentum est, verendumque ne in contemptum nos invidiae timor transferat, ne dum calcare nolumus videamur posse calcari. Multis timendi attulit causas timeri posse. Undique nos reducamus: non minus contemni quam suspici nocet.

(11) Ad philosophiam ergo confugiendum est; hae litterae, non dico apud bonos sed apud mediocriter malos infularum loco sunt. Nam forensis eloquentia et quaecumque alia populum movet adversarios habet: haec quieta et sui negotii contemni non potest, cui ab omnibus artibus etiam apud pessimos honor est. Numquam in tantum convalescet nequitia, numquam sic contra virtutes coniurabitur, ut non philosophiae nomen venerabile et sacrum maneat. Ceterum philosophia ipsa tranquille modesteque tractanda est.

(12) 'Quid ergo?', inquis, 'videtur tibi M. Cato modeste philosophari, qui bellum civile sententia reprimit? Qui furentium principum armis medius intervenit? Qui aliis Pompeium offendentibus, aliis Caesarem, simul lacessit duos?'

(10) Drei Dinge müssen daher nach alter Lehre überwunden werden, um sie zu vermeiden: Hass, Neid und Starrsinn. Auf welche Weise dies geschehen könnte, wird allein die Weisheit zeigen; das rechte Maß ist nämlich schwierig, und es ist zu fürchten, dass uns die Furcht vor dem Neid der Geringschätzung aussetzt, dass, während wir nicht verachten wollen, anscheinend verachtet werden können. Die Macht zu haben, gefürchtet zu werden, hat vielen die Gründe geliefert, sich zu fürchten. Wir sollten uns in jeder Hinsicht zurückhalten: es schadet nicht weniger verspottet als beargwöhnt zu werden.

(11) In der Philosophie muss man deshalb Zuflucht suchen; diese Gelehrsamkeit, ich sage nicht bei den Guten, sondern bei den nur im geringen Maße Schlechten, besitzt das Ansehen der Unantastbarkeit. Denn die Beredsamkeit vor Gericht und auch jede andere, die das Volk bewegt, hat Gegner. Die eben erwähnte [Philosophie], friedlich und von privater Angelegenheit, kann nicht verachtet werden, von allen Künsten steht sie selbst bei den Schlechtesten im Ansehen. Niemals wird die Dekadenz so sehr an Kraft gewinnen, niemals wird man sich derart gegen die Sittlichkeit verschwören, dass der Name der Philosophie nicht verehrungswürdig und geweiht bleibt. Im Übrigen muss die Philosophie selbst gelassen und besonnen betrieben werden.

(12) „Was also?", sagst du, „Scheint dir ein M. Cato, der mit Vorsatz einen Bürgerkrieg aufhält, besonnen zu philosophieren? Der mitten im Kampf zwischen die tobenden Anführer tritt? Der, während die einen Pompeius, die anderen Caesar beleidigen, beide zugleich herausfordert?"

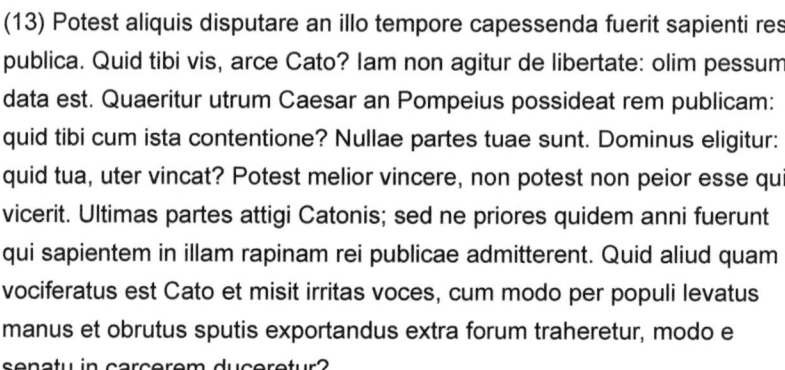

(13) Potest aliquis disputare an illo tempore capessenda fuerit sapienti res publica. Quid tibi vis, arce Cato? Iam non agitur de libertate: olim pessum data est. Quaeritur utrum Caesar an Pompeius possideat rem publicam: quid tibi cum ista contentione? Nullae partes tuae sunt. Dominus eligitur: quid tua, uter vincat? Potest melior vincere, non potest non peior esse qui vicerit. Ultimas partes attigi Catonis; sed ne priores quidem anni fuerunt qui sapientem in illam rapinam rei publicae admitterent. Quid aliud quam vociferatus est Cato et misit irritas voces, cum modo per populi levatus manus et obrutus sputis exportandus extra forum traheretur, modo e senatu in carcerem duceretur?

(14) Sed postea videbimus an sapienti opera rei publicae danda sit: interim ad hos te Stoicos voco qui a re publica exclusi secesserunt ad colendam vitam et humano generi iura condenda sine ulla potentioris offensa. Non conturbabit sapiens publicos mores nec populum in se vitae novitate convertet.

(15) 'Quid ergo? Utique erit tutus qui hoc propositum sequetur?' Promittere tibi hoc non magis possum quam in homine temperanti bonam valetudinem, et tamen facit temperantia bonam valetudinem. Perit aliqua navis in portu: sed quid tu accidere in medio mari credis? Quanto huic periculum paratius foret multa agenti molientique, cui ne otium quidem tutum est? Pereunt aliquando innocentes – quis negat? Nocentes tamen saepius. Ars ei constat qui per ornamenta percussus est.

(13) Man kann darüber streiten, ob ein Weiser in jener Zeit die politische Laufbahn hätte einschlagen müssen. Was fällt dir ein, Marcus Cato? Es wird nicht mehr über die Freiheit verhandelt: die wurde einst zugrunde gerichtet. Es stellt sich die Frage, ob Caesar oder Pompeius den Staat besitzen soll: was hast du mit diesem Streit zu schaffen? Keine der Parteien sind die deinigen. Ein Herrscher wird gewählt, was geht es dich an, wer von beiden siegt? Es kann der Bessere siegen, notwendigerweise muss es der Schlechtere sein, der siegt. Ich habe mich mit der letzten Rolle Catos beschäftigt; aber nicht einmal die vorangegangenen Jahre waren so, dass sie den Weisen in jenem Raubzug der Republik geduldet hätten. Was sonst hat Cato [getan], als laut gerufen und nutzlose Worte ausgestoßen, als er, bald vom Forum geschleppt – beim Fortschaffen von der Hand des Pöbels emporgehoben und mit Auswurf überdeckt, bald aus dem Senat in den Kerker abgeführt wurde?

(14) Aber später werden wir überlegen, ob sich der Weise den Staatsgeschäften widmen sollte: inzwischen lade ich dich zu den heutigen Stoikern ein, die sich, ausgeschlossen vom Staatsgeschäft, zurückgezogen haben, um das Leben zu huldigen und dem Menschengeschlecht Rechtsnormen zu schaffen ohne irgendeine Kränkung eines Mächtigeren. Der Weise wird die allgemeinen Sitten nicht verstören und das Volk auch nicht durch einen ungewöhnlichen Lebenswandel zu sich bekehren.

(15) „Wie also? Wird doch wenigstens derjenige sicher sein, der diesen Lebensplan befolgt?" Ich kann dir das ebenso wenig versprechen wie einem maßhaltenden Menschen eine gute Gesundheit, und trotzdem verleiht Maßhalten eine gute Gesundheit. Manch ein Schiff geht im Hafen zugrunde: aber was glaubst du, auf hoher See zu begegnen? Wie viel leichter würde diesem Gefahr drohen, der vieles treibt und unternimmt, zumal ihm nicht einmal die Muße sicher ist? Zuweilen gehen Unschuldige zugrunde. Wer leugnet das? Öfter jedoch die Schuldigen. Das Kampfgeschick bleibt dem erhalten, der durch die Rüstung hindurch getroffen wurde.

(16) Denique consilium rerum omnium sapiens, non exitum spectat; initia in potestate nostra sunt, de eventu fortuna iudicat, cui de me sententiam non do. 'At aliquid vexationis afferet, aliquid adversi.' Non damnat latro cum occidit.

(17) Nunc ad cotidianam stipem manum porrigis. Aurea te stipe implebo, et quia facta est auri mentio, accipe quemadmodum usus fructusque eius tibi esse gratior possit. 'Is maxime divitiis fruitur qui minime divitiis indiget.' 'Ede', inquis, 'auctorem.' Ut scias quam benigni simus, propositum est aliena laudare: Epicuri est aut Metrodori aut alicuius ex illa officina.

(18) Et quid interest quis dixerit? Omnibus dixit. Qui eget divitiis timet pro illis; nemo autem sollicito bono fruitur. Adicere illis aliquid studet; dum de incremento cogitat, oblitus est usus. Rationes accipit, forum conterit, kalendarium versat: fit ex domino procurator. Vale.

———

(16) Schließlich betrachtet der Weise die Absicht aller Dinge, nicht das Ergebnis; die Anfänge stehen in unserer Macht, über den Ausgang richtet das Schicksal, dem ich kein Urteilsspruch über mich gewähre. „Aber er wird irgendetwas an Mühsal mitbringen, irgendetwas an Unglück." Der Verbrecher spricht nicht schuldig, wenn er tötet.

(17) Nun streckst du die Hand aus für den täglichen Lohn. Mit einer goldenen Gabe werde ich dich sättigen, und weil das Gold erwähnt wurde, erfahre, auf welche Weise die Ausübung und der Ertrag daraus dir angenehmer sein könnte. „Am meisten freut sich derjenige über den Reichtum, dem es am wenigstens nach Reichtum verlangt." „Nenne den Autor", sagst du. Damit du merkst, wie freigiebig wir sein können, besteht der Vorsatz, Fremdes zu loben: er stammt entweder von Epikur, von Metrodoros oder von irgendeinem aus jener Werkstatt.

(18) Und was für einen Unterschied macht es, wer es möglicherweise gesagt hat? Für alle sprach er es aus. Wer sich nach Reichtum sehnt, fürchtet um ihn; niemand jedoch erfreut sich an einem Sorgen bereitenden Gut. Manch einer strebt danach, jenes anzuhäufen; während er über die Vermehrung nachdenkt, vergisst er die Verwendung. Er nimmt Rechnungen an, müht sich auf dem Forum ab, wendet das Schuldbuch hin und her: aus dem Herrn wird ein Verwalter. Lebe wohl.

Liber II – Epistula XV

Seneca Lucilio suo Salutem,

(1) Mos antiquis fuit, usque ad meam servatus aetatem, primis epistulae verbis adicere: 'Si vales bene est, ego valeo'. Recte nos dicimus: 'Si philosopharis, bene est'. Valere enim hoc demum est. Sine hoc aeger est animus; corpus quoque, etiam si magnas habet vires, non aliter quam furiosi aut frenetici validum est.

(2) Ergo hanc praecipue valetudinem cura, deinde et illam secundam; quae non magno tibi constabit, si volueris bene valere. Stulta est enim, mi Lucili, et minime conveniens litterato viro occupatio exercendi lacertos et dilatandi cervicem ac latera firmandi; cum tibi feliciter sagina cesserit et tori creverint, nec vires umquam opimi bovis nec pondus aequabis. Adice nunc quod maiore corporis sarcina animus eliditur et minus agilis est. Itaque quantum potes circumscribe corpus tuum et animo locum laxa.

Buch 2 – Brief 15

Seneca grüßt seinen Lucilius,

(1) Es war der Brauch der Vorfahren, der sich bis in meine Zeit hinein bewahrt hat, den ersten Worten eines Briefes hinzuzufügen: „Wenn du gesund bist, ist es gut, ich bin gesund." Mit Recht sagen wir: „Wenn du philosophierst, ist es gut." Denn das heißt es schließlich, gesund zu sein. Ohne es [das Philosophieren] ist die Seele krank; auch der Körper, selbst wenn er große Stärke besitzt, ist nicht auf andere Weise gesund als der eines Rasenden oder Geisteskranken.

(2) Pflege also besonders diese Gesundheit, anschließend auch die schon erwähnte zweite [des Körpers]; diese wird dich nicht viel kosten, wenn du völlig gesund sein willst. Es ist jedenfalls töricht, mein Lucilius, und als Beschäftigung für einen gebildeten Mann keineswegs schicklich, die Oberarme zu trainieren, den Nacken auszudehnen und sogar die Seiten des Körpers zu kräftigen; wenn dir die Mast glücklich gelungen ist und die Muskeln gewachsen sind, wirst du weder jemals die Kräfte noch das Gewicht von stattlichen Ochsen erreichen. Füge nun hinzu, um wie viel der Verstand durch die allzu große Last des Körpers zerdrückt wird und weniger gewandt ist. Schränke deshalb deinen Körper ein, soviel du kannst, und verlängere den Zeitraum für den Geist.

(3) Multa sequuntur incommoda huic deditos curae: primum exercitationes, quarum labor spiritum exhaurit et inhabilem intentioni ac studiis acrioribus reddit; deinde copia ciborum subtilitas impeditur. Accedunt pessimae notae mancipia in magisterium recepta, homines inter oleum et vinum occupati, quibus ad votum dies actus est si bene desudaverunt, si in locum eius quod effluxit multum potionis altius in ieiuno iturae regesserunt.

(4) Bibere et sudare vita cardiaci est. Sunt exercitationes et faciles et breves, quae corpus et sine mora lassent et tempori parcant, cuius praecipua ratio habenda est: cursus et cum aliquo pondere manus motae et saltus vel ille qui corpus in altum levat vel ille qui in longum mittit vel ille, ut ita dicam, saliaris aut, ut contumeliosius dicam, fullonius: quoslibet ex his elige +usum rudem facilem+.

(5) Quidquid facies, cito redi a corpore ad animum; illum noctibus ac diebus exerce. Labore modico alitur ille; hanc exercitationem non frigus, non aestus impediet, ne senectus quidem. Id bonum cura quod vetustate fit melius.

(3) Dieser [Beschäftigung] mit Sorgfalt zugetan, schließen sich viele Un-
annehmlichkeiten an: zuerst die Übungen, deren Beschwerlichkeit den
Geist erschöpft und zu Aufmerksamkeit und zu scharfsinnigeren Studien
unfähig macht; darauf wird durch die Menge an Speisen der Scharfsinn
gehemmt. Hinzukommen Sklaven der schlimmsten Art, die als Lehrer
aufgenommen wurden, Menschen, die von Öl und Wein in Anspruch ge-
nommen sind, denen der Tag nach Wunsch vollendet ist, wenn sie stark
geschwitzt haben, wenn sie – an Stelle dessen, was ausgeströmt ist – den
Großteil des allzu tief in den leeren Magen stürmenden Getränks zurück-
geschafft haben. Trinken und Schwitzen gehört zum Leben eines Magen-
kranken.

(4) Es gibt sowohl leichte als auch kurze Übungen, die den Körper ohne
Verzögerung ermüden und auch Zeit sparen, deren eigentümliche Metho-
de man beherrschen muss: der Lauf und das Armschwingen mit irgendeinem Gewicht und auch der Sprung, sei es jener, der den Körper hoch
emporschwingt, sei es jener, der in die Weite schleudert, oder sei es jener,
wie man so sagt, nach Art der Salier, oder sogar, um es herabwürdigender
zu sagen, nach Art der Tuchwalker: aus diesen wähle irgendwelche als
rohe, einfache Übung aus.

(5) Was auch immer du tust, kehre schnell wieder vom Körper zum Geist
zurück; ihn bilde aus in den Nächten und an den Tagen. Durch maßvolle
Anstrengung wird er geformt; nicht Kälte, nicht Hitze und gewiss nicht
das Alter wird dieses Training behindern. Kümmere dich um das Gut, das
mit dem Alter vortrefflicher wird.

(6) Neque ego te iubeo semper imminere libro aut pugillaribus: dandum est aliquod intervallum animo, ita tamen ut non resolvatur, sed remittatur. Gestatio et corpus concutit et studio non officit: possis legere, possis dictare, possis loqui, possis audire, quorum nihil ne ambulatio quidem vetat fieri.

(7) Nec tu intentionem vocis contempseris, quam veto te per gradus et certos modos extollere, deinde deprimere. Quid si velis deinde quemadmodum ambules discere? Admitte istos quos nova artificia docuit fames: erit qui gradus tuos temperet et buccas edentis observet et in tantum procedat in quantum audaciam eius patientia et credulitate produxeris. Quid ergo? A clamore protinus et a summa contentione vox tua incipiet? Usque eo naturale est paulatim incitari ut litigantes quoque a sermone incipiant, ad vociferationem transeant; nemo statim Quiritium fidem implorat.

(8) Ergo utcumque tibi impetus animi suaserit, modo vehementius fac vitiis convicium, modo lentius, prout vox te quoque hortabitur +in id latus+; modesta, cum recipies illam revocarisque, descendat, non decidat; +media tenoris sui habeat nec+ indocto et rustico more desaeviat. Non enim id agimus ut exerceatur vox, sed ut exerceat.

(6) Aber ich fordere dich nicht auf, immer nach einem Buch oder den Schreibtäfelchen zu streben: man muss dem Verstand manche Pause einräumen, auf eine Weise jedoch, dass er nicht erschlafft, sondern gelockert wird. Eine Spazierfahrt rüttelt einerseits den Körper durch, andererseits stellt sie sich nicht dem Studium entgegen: du könntest lesen, du könntest diktieren, du könntest reden, du könntest zuhören, nicht einmal ein Spaziergang verhindert, davon nichts zu geschehen.

(7) Was, wenn du dann zu erfahren wünschst, auf welche Weise du spazieren gehen sollst? Ziehe jene hinzu, denen der Hunger neue Kunststücke gelehrt hat: einen wird es geben, der deine Schritte regelt, deine Backen beim Essen aufmerksam beobachtet und so weit hervortritt, wie du seine Frechheit mit Geduld und Leichtgläubigkeit hervorgelockt hast. Auch solltest du nicht die Anstrengung der Stimme vernachlässigen, sooft ich dir abrate, sie über eine Tonstufe und ein festgesetztes Maß anzuheben und darauf zu senken. Wie also? Wird deine Stimme unverzüglich mit Geschrei und höchster Leidenschaft beginnen? Natürlich ist es, sich bis dahin allmählich zu steigern, sodass die Streitenden mit dem Sprechen beginnen und zum Geschrei übergehen; niemand fleht sofort die Quiriten um Beistand an.

(8) Wie auch immer es ein seelischer Drang dir also empfehlen sollte, weise die Lasterhaftigkeit bald heftiger, bald ruhiger zurecht; je nachdem dich die Stimme auch in diese Richtung ermuntert: immer wenn du sie zurücknimmst und widerrufst, soll sie maßvoll hinabgleiten, nicht hinabstürzen; sie soll die Mitten ihrer Stimmhöhe halten und nicht nach ungebildeter und bäuerlicher Sitte toben. Wir arbeiten nämlich nicht darauf hin, dass die Stimme ausgebildet wird, sondern dass sie [uns] ausbildet.

(9) Detraxi tibi non pusillum negotii: una mercedula et +unum graecum+ ad haec beneficia accedet. Ecce insigne praeceptum: 'Stulta vita ingrata est, trepida; tota in futurum fertur'. 'Quis hoc', inquis, 'dicit?' Idem qui supra. Quam tu nunc vitam dici existimas stultam? Babae et Isionis? Non ita est: nostra dicitur, quos caeca cupiditas in nocitura, certe numquam satiatura praecipitat, quibus si quid satis esse posset, fuisset, qui non cogitamus quam iucundum sit nihil poscere, quam magnificum sit plenum esse nec ex fortuna pendere.

(10) Subinde itaque, Lucili, quam multa sis consecutus recordare; cum aspexeris quot te antecedant, cogita quot sequantur. Si vis gratus esse adversus deos et adversus vitam tuam, cogita quam multos antecesseris. Quid tibi cum ceteris? Te ipse antecessisti.

(11) Finem constitue quem transire ne possis quidem si velis; discedant aliquando ista insidiosa bona et sperantibus meliora quam assecutis. Si quid in illis esset solidi, aliquando et implerent: nunc haurientium sitim concitant. Mittantur speciosi apparatus; et quod futuri temporis incerta sors volvit, quare potius a fortuna impetrem ut det, quam a me ne petam? Quare autem petam? Oblitus fragilitatis humanae congeram? In quid laborem? Ecce hic dies ultimus est; ut non sit, prope ab ultimo est. Vale.

---

(9) Ich habe dir nicht gerade ein bisschen an Arbeit abgenommen: ein kleiner Zins und zugleich ein griechischer Spruch wird diesen Gefälligkeiten hinzugefügt. Schau mal diese hervorragende Lebensregel: „Ein einfältiges Leben ist unerfreulich, ohne Rast und Ruh; es wird ganz der Zukunft gewidmet." „Wer sagt das?", erwiderst du. Derselbe wie oben. Was hältst du nun für ein Leben, das als töricht bezeichnet wird? Das von Baba und Ision? So ist es nicht: unser [Leben] wird genannt, diejenigen, welche die blinde Leidenschaft, die Unheil anrichten und sicher niemals befriedigen wird, ins Verderben stürzt, diejenigen, die genug besessen hätten, falls irgendetwas genug sein könnte, diejenigen, die wir nicht bedenken, wie angenehm es ist, nichts zu fordern, wie großartig es ist, erfüllt zu sein und nicht von Fortuna abhängig zu sein.

(10) Erinnere dich deshalb immer wieder, Lucilius, wie viel du doch erreicht hast; sooft du siehst, wie viele dir vorangehen, bedenke, wie viele dir nachfolgen. Wenn du gegenüber den Göttern und auch gegenüber deinem Leben dankbar sein willst, bedenke, wie vielen du vorangegangen bist. Was hast du mit den anderen zu schaffen? Du hast dich selbst übertroffen.

(11) Setze dir eine Grenze, die du nicht einmal überschreiten könntest, wenn du wolltest; mögen sich jene tückischen Güter irgendwann einmal entfernen, und zwar besser von denjenigen, die sie erhoffen, als von denjenigen, die sie erlangt haben. Wenn etwas in diesen an Echtem wäre, würden sie eines Tages auch Erfüllung bringen: so aber rufen sie ein verzehrendes Verlangen hervor. Der blendende Prunk sollte aufgegeben werden; und das, was das unsichere Los der Zukunft bestimmt, warum sollte ich es lieber von Fortuna durch Bitten erwirken, damit sie gewährt, was ich von mir [selbst] nicht verlange? Warum aber soll ich es verlangen? Soll ich, die menschliche Vergänglichkeit vergessend, [Materielles] anhäufen? Für was soll ich mich abmühen? Schau, dieser Tag ist der letzte; selbst wenn es nicht so wäre, ist er dem letzten nahe. Lebe wohl.

Liber II – Epistula XVI

Seneca Lucilio suo Salutem,

(1) Liquere hoc tibi, Lucili, scio, neminem posse beate vivere, ne tolerabiliter quidem, sine sapientiae studio, et beatam vitam perfecta sapientia effici, ceterum tolerabilem etiam inchoata. Sed hoc quod liquet firmandum et altius cotidiana meditatione figendum est: plus operis est in eo ut proposita custodias quam ut honesta proponas. Perseverandum est et assiduo studio robur addendum, donec bona mens sit quod bona voluntas est.

(2) Itaque – non opus est – tibi apud me pluribus verbis aut affirmatione tam longa: intellego multum te profecisse. Quae scribis unde veniant scio; non sunt ficta nec colorata. Dicam tamen quid sentiam: iam de te spem habeo, nondum fiduciam. Tu quoque idem facias volo: non est quod tibi cito et facile credas. Excute te et varie scrutare et observa; illud ante omnia vide, utrum in philosophia an in ipsa vita profeceris.

※

Buch 2 – Brief 16

Seneca grüßt seinen Lucilius,

(1) Ich weiß, dass es dir einleuchtet, Lucilius, dass ohne ein Streben nach Weisheit niemand glücklich, nicht einmal erträglich leben kann, und dass ein glückliches Leben durch vollkommene Weisheit vollendet wird, übrigens immer noch ein erträgliches, wenn sie nur begonnen wurde. Doch das, was einleuchtend ist, muss gestärkt und durch tägliche Einübung fest verankert werden. Mehr Mühe liegt darin, Vorsätze zu befolgen, als sich das sittliche Gute vorzunehmen. Es muss fortdauernd etwas getan und durch beharrliche Anstrengung geistige Stärke hinzugewonnen werden, solange bis eine gute Gesinnung sein möge, was als guter Vorsatz vorhanden ist.

(2) Daher bedarf es für dich mir gegenüber nicht vieler Worte oder einer so langen Beteuerung: ich bin der Meinung, dass du weit vorangekommen bist. Ich weiß, woher wahrscheinlich stammt, was du schreibst: es wurde nicht verstellt und auch nicht gefärbt. Ich werde trotzdem schreiben, was ich denke: in Bezug auf dich hege ich augenblicklich Hoffnung, noch keine Zuversicht. Ich möchte, dass du ebendasselbe auch tust: es gibt keinen Grund, dass du dir schnell und leicht Vertrauen schenkst. Prüfe dich genau und zugleich erforsche und beobachte dich mannigfach; so viel vor allem erkenne: ob du in der Philosophie oder im Leben selbst Fortschritte machst.

(3) Non est philosophia populare artificium nec ostentationi paratum; non in verbis sed in rebus est. Nec in hoc adhibetur, ut cum aliqua oblectatione consumatur dies, ut dematur otio nausia: animum format et fabricat, vitam disponit, actiones regit, agenda et omittenda demonstrat, sedet ad gubernaculum et per ancipitia fluctuantium derigit cursum. Sine hac nemo intrepide potest vivere, nemo secure; innumerabilia accidunt singulis horis quae consilium exigant, quod ab hac petendum est.

(4) Dicet aliquis: 'Quid mihi prodest philosophia, si fatum est? Quid prodest, si deus rector est? Quid prodest, si casus imperat? Nam et mutari certa non possunt et nihil praeparari potest adversus incerta, sed aut consilium meum occupavit deus decrevitque quid facerem, aut consilio meo nihil fortuna permittit.'

(5) Quidquid est ex his, Lucili, vel si omnia haec sunt, philosophandum est; sive nos inexorabili lege fata constringunt, sive arbiter deus universi cuncta disposuit, sive casus res humanas sine ordine impellit et iactat, philosophia nos tueri debet. Haec adhortabitur ut deo libenter pareamus, ut fortunae contumaciter; haec docebit ut deum sequaris, feras casum.

(3) Die Philosophie ist nicht das Handwerk des Volkes und nicht der Prahlerei zugeneigt; sie beruht nicht auf Worten, sondern auf Taten. Und sie wird nicht zu dem Zweck herangezogen, dass mit etwas Unterhaltung der Tag verbracht wird, dass die übelste Langeweile durch eine wissenschaftliche Betätigung beseitigt wird: sie gestaltet und erschafft den Geist, sie richtet das Leben gehörig ein, sie lenkt das Handeln, sie zeigt auf, was getan und was gelassen werden muss, sie führt das Steuerruder und in einer gefährlichen Lage von Unschlüssigkeit lenkt sie den Kurs. Ohne sie kann niemand in Ruhe, niemand frei von Sorgen leben; in jeder einzelnen Stunde ereignen sich unzählige Dinge, die Rat erfordern, der von ihr erbeten werden muss.

(4) Mancher sagt: „Was nützt mir die Philosophie, wenn es eine Bestimmung gibt? Was nützt sie, wenn ein Gott der Herrscher ist? Was nützt sie, wenn der Zufall gebietet? Fürwahr können feststehende Dinge nicht verändert und in keiner Weise kann gegen Ungewisses im voraus gerüstet werden, sondern entweder hat sich ein Gott meiner Absicht bemächtigt und entschieden, was ich tun soll, oder das Schicksal hat nichts meinem Entschluss überlassen."

(5) Was auch immer hiervon wahr ist, Lucilius, oder ob vielleicht all dies wahr ist – es muss philosophiert werden; sei es, dass uns das Schicksal durch ein unerbittliches Gesetz fesselt, sei es, dass ein Gott als Gebieter des Universums alles bestimmt, oder dass der Zufall die menschlichen Dinge ohne Ordnung antreibt und umherwirft: die Philosophie muss uns Schutz bieten. Sie wird durch Worte ermutigen, damit wir einer Gottheit willig gehorchen, damit wir dem Schicksal trotzen; sie wird lehren, der Gottheit zu folgen, den Schicksalsschlag zu ertragen.

(6) Sed non est nunc in hanc disputationem transeundum, quid sit iuris nostri si providentia in imperio est, aut si fatorum series illigatos trahit, aut si repentina ac subita dominantur: illo nunc revertor, ut te moneam et exhorter ne patiaris impetum animi tui delabi et refrigescere. Contine illum et constitue, ut habitus animi fiat quod est impetus.

(7) Iam ab initio, si te bene novi, circumspicies quid haec epistula munusculi attulerit: excute illam, et invenies. Non est quod mireris animum meum: adhuc de alieno liberalis sum. Quare autem alienum dixi? Quidquid bene dictum est ab ullo meum est. Istuc quoque ab Epicuro dictum est: 'Si ad naturam vives, numquam eris pauper; si ad opiniones, numquam eris dives.'

(8) Exiguum natura desiderat, opinio immensum. Congeratur in te quidquid multi locupletes possederant; ultra privatum pecuniae modum fortuna te provehat, auro tegat, purpura vestiat, eo deliciarum opumque perducat ut terram marmoribus abscondas; non tantum habere tibi liceat sed calcare divitias; accedant statuae et picturae et quidquid ars ulla luxuriae elaboravit: maiora cupere ab his disces.

(6) Aber wir müssen jetzt nicht zu dieser Erörterung übergehen, was unser Recht sein würde, wenn die Vorsehung herrscht, oder wenn die Abfolge der Weltordnung die an sie Geketteten mit sich fortzieht, oder wenn unvermutete und plötzliche Ereignisse den Herrn spielen: ich kehre nun dahin zurück, dass ich dich ermahne und ermutige, nicht zuzulassen, dass dir die Begeisterung deines Geistes entgleitet und sich abkühlt. Bewahre und festige jene, damit zur Geisteshaltung wird, was Begeisterung ist.

(7) Wenn ich dich richtig kennengelernt habe, siehst du dich bereits von Anfang an danach um, was dieser Brief als kleines Geschenk mit sich bringt: durchsuche ihn gründlich und du wirst es entdecken. Es gibt keinen Grund, sich über meine Einstellung zu wundern: noch immer bin ich freigiebig in Hinsicht auf ein fremdes Gut. Warum aber sagte ich ein fremdes Gut? Alles, was Richtiges von irgendjemand gesagt wurde, gehört mir. Dieses ist gleichfalls auch von Epikur gesagt worden: „Wenn du naturgemäß lebst, wirst du niemals arm sein; so gewiss als in der Einbildung, du niemals reich sein wirst."

(8) Die Natur verlangt weniges, die Einbildung ungeheuerliches. Mag für dich all das angehäuft werden, was die vielen Reichen im Besitz hatten; mag dich ein glückliches Los über das gewöhnliche Maß an Vermögen emporheben, dich mit Gold bedecken, dich in Purpur kleiden; mag es dich zu einem solchen Luxus und Reichtum führen, dass du den Erdboden unter Marmorplatten verbirgst; mag es dir möglich sein, Reichtum nicht nur zu besitzen, sondern zu verspotten; mögen Statuen und Bilder und alles das zu dir gelangen, was irgendeine Kunst des Überflusses ausgearbeitet hat: dadurch wirst du lernen, Bedeutenderes zu begehren.

(9) Naturalia desideria finita sunt: ex falsa opinione nascentia ubi desinant non habent; nullus enim terminus falso est. Via eunti aliquid extremum est: error immensus est. Retrahe ergo te a vanis, et cum voles scire quod petes, utrum naturalem habeat an caecam cupiditatem, considera num possit alicubi consistere: si longe progresso semper aliquid longius restat, scito id naturale non esse. Vale.

(9) Die naturgemäßen Bedürfnisse sind begrenzt: diejenigen, die aus trügerischer Einbildung geboren sind, wissen nicht, wo sie enden. Das Trügerische nämlich besitzt keine Grenze. Derjenige, der auf geradem Wege bleibt, findet irgendein Ende: das Irregehen ist unendlich. Halte dich also fern von der Einbildung, und immer wenn du zu wissen begehrst, was du erstrebst, ob du wohl ein naturgegebenes oder ein verblendetes Verlangen hegst, überlege, ob es imstande ist, irgendwo haltzumachen: wenn immer etwas allzu fern verbleibt, obwohl es weit vorangeschritten war, dann solltest du bemerken, dass es nicht naturgemäß ist. Lebe wohl.

———————

Liber II – Epistula XVII

Seneca Lucilio suo Salutem,

(1) Proice omnia ista, si sapis, immo ut sapias, et ad bonam mentem magno cursu ac totis viribus tende; si quid est quo teneris, aut expedi aut incide. 'Moratur', inquis, 'me res familiaris; sic illam disponere volo ut sufficere nihil agenti possit, ne aut paupertas mihi oneri sit aut ego alicui.'

(2) Cum hoc dicis, non videris vim ac potentiam eius de quo cogitas boni nosse; et summam quidem rei pervides, quantum philosophia prosit, partes autem nondum satis subtiliter dispicis, necdum scis quantum ubique nos adiuvet, quemadmodum et in maximis, ut Ciceronis utar verbo, 'opituletur' <et> in minima descendat. Mihi crede, advoca illam in consilium: suadebit tibi ne ad calculos sedeas.

(3) Nempe hoc quaeris et hoc ista dilatione vis consequi, ne tibi paupertas timenda sit: quid si appetenda est? Multis ad philosophandum obstitere divitiae: paupertas expedita est, secura est. Cum classicum cecinit, scit non se peti; cum aqua conclamata est, quomodo exeat, non quid efferat, quaerit; si navigandum est, non strepunt portus nec unius comitatu inquieta sunt litora; non circumstat illam turba servorum, ad quos pascendos transmarinarum regionum est optanda fertilitas.

Buch 2 – Brief 17

Seneca grüßt seinen Lucilius,

(1) Verschmähe all dieses, wenn du weise bist, ja vielmehr, um weise zu werden, und strebe im vollen Lauf und mit allen Kräften zu einer zweckmäßigen Denkart; falls es irgendetwas gibt, durch das du gefesselt wirst, winde dich entweder heraus oder durchtrenne es. „Mein Besitz hindert mich", sagst du; „ich will ihn derart ordnen, dass er, obwohl ich gar nicht tätig bin, ausreichen kann, und dass weder die Armut mir eine Last ist noch ich irgendjemanden."

(2) Wenn du dieses sagst, scheinst du das Wesen und die Möglichkeit des Gutes, über das du nachdenkst, nicht zu verstehen; und du begreifst zwar die Dinge in der Gesamtheit, wie groß der Nutzen der Philosophie ist, die Teile jedoch siehst du noch nicht genügend scharfsinnig, und du erkennst noch nicht, wie sehr sie uns überall unterstützen kann, auf welche Weise sie sowohl im Höchsten „Hilfe leisten", um ein Wort Ciceros zu verwenden, als sich auch auf das Geringste einlassen kann. Glaube mir, ziehe sie zu Rate: sie wird dir empfehlen, dich nicht mit Rechnungen aufzuhalten.

(3) Danach sehnst du dich offenbar, und nur so viel willst du durch diesen Aufschub erreichen, dass du die Armut nicht fürchten musst: wie nun, wenn sie angestrebt werden soll? Vielen stand beim Philosophieren der Reichtum im Wege: Armut ist ungebunden, ist sorglos. Immer wenn der Feldruf ertönt, weiß sie, dass sie nicht belangt wird; immer wenn laut nach Löschwasser gebrüllt wird, fragt sie sich, wie sie hinausgelangen kann, nicht was sie heraustragen sollte; wenn man in See stechen muss, erfüllen sich die Häfen nicht mit Lärm, und die Landungsplätze befinden sich durch das Gefolge eines Einzelnen nicht in Unruhe; nicht umringt sie eine Schar von Sklaven, zu deren Ernährung die Fruchtbarkeit von Gegenden jenseits des Meeres wünschenswert ist.

(4) Facile est pascere paucos ventres et bene institutos et nihil aliud desiderantes quam impleri: parvo fames constat, magno fastidium. Paupertas contenta est desideriis instantibus satis facere: quid est ergo quare hanc recuses contubernalem cuius mores sanus dives imitatur?

(5) Si vis vacare animo, aut pauper sis oportet aut pauperi similis. Non potest studium salutare fieri sine frugalitatis cura; frugalitas autem paupertas voluntaria est. Tolle itaque istas excusationes: 'Nondum habeo quantum sat est; si ad illam summam pervenero, tunc me totum philosophiae dabo'. Atqui nihil prius quam hoc parandum est quod tu differs et post cetera paras; ab hoc incipiendum est. 'Parare', inquis, 'unde vivam volo.' Simul et parare <te> disce: si quid te vetat bene vivere, bene mori non vetat.

(6) Non est quod nos paupertas a philosophia revocet, ne egestas quidem. Toleranda est enim ad hoc properantibus vel fames; quam toleravere quidam in obsidionibus, et quod aliud erat illius patientiae praemium quam in arbitrium non cadere victoris? Quanto hoc maius est quod promittitur: perpetua libertas, nullius nec hominis nec dei timor. Ecquid vel esurienti ad ista veniendum est?

(4) Es ist leicht, wenige Bäuche zu nähren, die sowohl gehörig unterwiesen wurden, als auch nichts anderes verlangen, als gesättigt zu werden: der Hunger kostet wenig, der verwöhnte Geschmack viel. Die Armut begnügt sich damit, die bevorstehenden Bedürfnisse zu befriedigen: Was ist also der Grund, weshalb du diese als Gefährtin zurückweist, deren Lebensart der vernünftige Reiche nachahmt.

(5) Wenn du frei sein willst im Geiste, ist es nötig, dass du entweder arm bist, oder dem Armen ähnlich. Eine wissenschaftliche Beschäftigung kann ohne ein Bemühen um Genügsamkeit nicht ersprießlich werden; Genügsamkeit ist jedoch freiwillige Armut. Beende also diese Entschuldigungen: „Ich besitze noch nicht so viel, wie genug ist; wenn mir jene Geldsumme zuteil wird, werde ich mich ganz der Philosophie widmen." Gleichwohl aber muss nichts eher erworben werden als das, was du aufschiebst und nach den übrigen allen anschaffst; mit diesem muss man den Anfang machen. „Ich will gehörig einrichten", entgegnest du, „wovon ich leben werde." Lerne zugleich auch, dich vorzubereiten: falls irgendetwas dich daran hindert, gehörig zu leben, gehörig zu sterben, hindert es dich nicht.

(6) Es gibt keinen Grund, dass uns die Armut von der Philosophie abhält, nicht einmal die bittere Armut. Diejenigen, die zu diesem [Ziel] eilen, müssen nämlich selbst den Hunger ertragen; den haben manche bei Belagerungen ertragen, und was sonst war der Lohn jener Geduld als nicht unter die Willkür des Siegers zu geraten? Um wie viel bedeutender ist das, was verheißen wird: immerwährende Freiheit, Furcht vor niemanden, weder Mensch noch Gott. Ob etwa selbst ein Hungernder dazu vordringen kann?

(7) Perpessi sunt exercitus inopiam omnium rerum, vixerunt herbarum radicibus et dictu foedis tulerunt famem; haec omnia passi sunt pro regno, quo magis mireris, alieno: dubitabit aliquis ferre paupertatem ut animum furoribus liberet? Non est ergo prius acquirendum: licet ad philosophiam etiam sine viatico pervenire.

(8) Ita est? Cum omnia habueris, tunc habere et sapientiam voles? Haec erit ultimum vitae instrumentum et, ut ita dicam, additamentum? Tu vero, sive aliquid habes, iam philosophare (unde enim scis an iam nimis habeas?), sive nihil, hoc prius quaere quam quicquam.

(9) 'At necessaria deerunt.' Primum deesse non poterunt, quia natura minimum petit, naturae autem se sapiens accommodat. Sed si necessitates ultimae inciderint, iamdudum exibit e vita et molestus sibi esse desinet. Si vero exiguum erit et angustum quo possit vita produci, id boni consulet nec ultra necessaria sollicitus aut anxius ventri et scapulis suum reddet et occupationes divitum concursationesque ad divitias euntium securus laetusque ridebit

(7) Heere haben den Mangel an allen Dingen standhaft ertragen, sie lebten von den Wurzeln der Pflanzen und ertrugen einen grauenhaft zu nennenden Hunger; dies alles haben sie für eine Königsherrschaft erlitten, und umso mehr solltest du dich wundern, für eine fremde: wird irgendjemand zögern, die Armut zu ertragen, um den Geist von Verblendungen zu befreien? Man muss also nicht zuerst den Reichtum erwerben: es ist möglich, auch ohne Reisekasse zur Philosophie zu gelangen.

(8) Ist es so? Sobald du alles an Vermögen hast, wirst du auch die Weisheit besitzen wollen? Wird diese das vorzüglichste Schmuckstück des Lebens und gleichsam ein Anhängsel sein? Tatsächlich sollst du, wenn du einigermaßen Vermögen hast, augenblicklich philosophieren (woher weißt du denn, ob du nicht schon zu viel besitzt?), oder wenn du nichts hast, erwirb dieses eher als überhaupt irgendetwas.

(9) „Aber lebensnotwendige Dinge werden fehlen." Zunächst können sie nicht fehlen, weil die Natur sehr wenig verlangt, sich der Weise andererseits der Natur anpasst. Aber falls äußerste Notlagen eintreten, wird er sofort aus dem Leben scheiden und aufhören, sich selbst lästig zu sein. Wenn nun knapp und misslich ist, womit er das Leben fortzuführen vermag, wird er damit zufrieden sein und nicht über die notwendigsten Bedürfnisse hinaus besorgt oder ängstlich Bauch und Schultern das Gewohnte zugestehen, und über die Beschäftigung mit dem Reichtum und die Hin- und Herlauferei derjenigen, die dem Reichtum entgegenmarschieren, wird er sorglos und fröhlich lachen

(10) ac dicet: 'Quid in longum ipse te differs? Expectabisne fenoris quaestum aut ex merce compendium aut tabulas beati senis, cum fieri possis statim dives? Repraesentat opes sapientia, quas cuicumque fecit supervacuas dedit.' Haec ad alios pertinent: tu locupletibus propior es. Saeculum muta, nimis habes; idem est autem omni saeculo quod sat est.

(11) Poteram hoc loco epistulam claudere, nisi te male instituissem. Reges Parthos non potest quisquam salutare sine munere; tibi valedicere non licet gratis. Quid istic? Ab Epicuro mutuum sumam: 'Multis parasse divitias non finis miseriarum fuit sed mutatio.'

(12) Nec hoc miror; non est enim in rebus vitium sed in ipso animo. Illud quod paupertatem nobis gravem fecerat et divitias graves fecit. Quemadmodum nihil refert utrum aegrum in ligneo lecto an in aureo colloces – quocumque illum transtuleris, morbum secum suum transferet –, sic nihil refert utrum aeger animus in divitiis an in paupertate ponatur: malum illum suum sequitur. Vale.

(10) und sagen: „Weshalb vertröstet du dich selbst auf lange Zeit? Du wirst doch nicht etwa auf einen Zinsvorteil, einen Gewinn aus einer Ware oder ein Testament eines reichen Greises warten, obwohl du augenblicklich reich werden kannst? Die Weisheit gewährt auf der Stelle den Reichtum, den sie jedem, der sie erworben hat, selbstlos überließ." Dies betrifft die anderen: du stehst den Wohlhabenden näher. Ändere das Zeitalter, [schon] hast du über die Maßen an Vermögen; gleichwohl besitzt aber ein jedes Zeitalter, was hinreichend ist.

(11) An dieser Stelle hätte ich den Brief beenden können, wenn ich dich nicht lausig erzogen hätte. Niemand darf den Partherkönigen die Aufwartung machen ohne ein Geschenk; ohne Bezahlung ist es nicht möglich, dir Lebewohl zu sagen. Was diese hier ist? Ich werde eine Anleihe bei Epikur aufnehmen: „Reichtum zu erwerben, war für viele nicht das Ende, sondern ein Wechsel der Beschwerlichkeiten."

(12) Über dieses wundere ich mich nicht; die Schuld liegt nämlich nicht an den Umständen, sondern am Charakter selbst. Jenes, was uns die Armut beschwerlich gemacht hat, macht auch den Reichtum beschwerlich. Wie es nichts zur Sache tut, ob du einen Kranken auf ein hölzernes oder ein goldenes Bett legst (wohin auch immer du ihn verlegst, seine Krankheit wird er mit sich tragen), so macht es nichts aus, ob ein krankes Gemüt in Reichtum oder in Armut versetzt wird: sein Leiden folgt ihm. Lebe wohl.

———————

Liber II – Epistula XVIII

Seneca Lucilio suo Salutem,

(1) December est mensis: cum maxime civitas sudat. Ius luxuriae publice datum est; ingenti apparatu sonant omnia, tamquam quicquam inter Saturnalia intersit et dies rerum agendarum; adeo nihil interest ut <non> videatur mihi errasse qui dixit olim mensem Decembrem fuisse, nunc annum.

(2) Si te hic haberem, libenter tecum conferrem quid existimares esse faciendum, utrum nihil ex cotidiana consuetudine movendum an, ne dissidere videremur cum publicis moribus, et hilarius cenandum et exuendam togam. Nam quod fieri nisi in tumultu et tristi tempore civitatis non solebat, voluptatis causa ac festorum dierum vestem mutavimus.

(3) Si te bene novi, arbitri partibus functus nec per omnia nos similes esse pilleatae turbae voluisses nec per omnia dissimiles; nisi forte his maxime diebus animo imperandum est, ut tunc voluptatibus solus abstineat cum in illas omnis turba procubuit; certissimum enim argumentum firmitatis suae capit, si ad blanda et in luxuriam trahentia nec it nec abducitur.

Buch 2 – Brief 18

Seneca grüßt seinen Lucilius,

(1) Der Monat Dezember ist da: gerade jetzt ist die Stadt mit Dampf geschwängert. Es wird das Recht auf öffentliche Ausschweifungen gewährt; alles gibt Widerhall von dem ungeheuren Prunk, als ob irgendein Unterschied bestehen würde zwischen den Saturnalien und den Tagen, an denen man die Geschäfte führen muss. So sehr liegt nichts dazwischen, dass mir derjenige nicht zu irren scheint, der sagte, dass der Dezember einst einen Monat gedauert habe, nun ein Jahr [dauert].

(2) Wenn ich dich hier hätte, würde ich gerne mit dir ein Gespräch führen, was du meinst, dass zu tun ist: ob in nichts von der alltäglichen Gewohnheit abgegangen werden muss, oder, um nicht den Anschein zu erwecken, im Widerspruch mit den öffentlichen Bräuchen zu stehen, sowohl heiter gespeist als auch die Toga abgelegt werden muss. Denn um des Vergnügens und der Feiertage willen wechseln wir die Kleidung, was außer bei einem Aufruhr und einer gefährlichen Lage der Stadt gewöhnlich nicht geschehen ist.

(3) Wenn ich dich recht kennengelernt habe, würdest du nach Einnahme der Schiedsrichterrolle wollen, dass wir dem Filzkappe tragenden Haufen weder in jeder Hinsicht ähnlich sind, noch in jeder Hinsicht unähnlich; es sei denn, dass der Geist vielleicht an diesen Tagen im höchsten Maße beherrscht werden muss, um sich dann einsam von den Vergnügungen fernzuhalten, während die ganze Menschenmenge jenen zugeneigt ist. Den sichersten Beweis der eigenen Stärke erhält er nämlich, wenn er den Verlockungen, die zur Verschwendungssucht führen, weder entgegen marschiert noch [von ihnen] verführt wird.

(4) Hoc multo fortius est, ebrio ac vomitante populo siccum ac sobrium esse, illud temperantius, non excerpere se nec insignire nec misceri omnibus et eadem sed non eodem modo facere; licet enim sine luxuria agere festum diem.

(5) Ceterum adeo mihi placet temptare animi tui firmitatem ut e praecepto magnorum virorum tibi quoque praecipiam: interponas aliquot dies quibus contentus minimo ac vilissimo cibo, dura atque horrida veste, dicas tibi: 'Hoc est quod timebatur?'

(6) In ipsa securitate animus ad difficilia se praeparet et contra iniurias fortunae inter beneficia firmetur. Miles in media pace decurrit, sine ullo hoste vallum iacit, et supervacuo labore lassatur ut sufficere necessario possit; quem in ipsa re trepidare nolueris, ante rem exerceas. Hoc secuti sunt qui omnibus mensibus paupertatem imitati prope ad inopiam accesserunt, ne umquam expavescerent quod saepe didicissent.

(4) Das eine ist um vieles tugendhafter – mit dem berauschten und sich erbrechendem Volke nüchtern und vernünftig umzugehen – das andere maßvoller – sich nicht abzusondern, sich weder zu zieren noch mit allen zu verbrüdern, und dasselbe, jedoch nicht auf dieselbe Art zu tun; es ist nämlich möglich, einen Festtag ohne Zügellosigkeit zu begehen.

(5) Im Übrigen gefällt es mir so sehr, deine Charakterstärke auf die Probe zu stellen, dass ich dir gemäß dem Rat von bedeutenden Männern ebenfalls ans Herz lege: du solltest ein paar Tage einschieben, an denen du – dich mit sehr ärmlicher und billiger Speise, mit derber und schmuckloser Kleidung begnügend – dir womöglich sagst: „Das ist es, was von mir gefürchtet wurde?"

(6) Gerade im Gefühl der Sicherheit sollte sich der Geist auf Schwierigkeiten vorbereiten und sich inmitten der Wohltaten gegen die Ungerechtigkeiten des Schicksals festigen. Ein Soldat hält mitten im Frieden Manöver ab, wirft ohne jeden Feind einen Wall auf und wird durch nutzlose Anstrengung ermattet, damit er der notwendigen gewachsen ist; willst du nicht, dass er in einer realen Begebenheit verzagt, solltest du ihn für den Kampf trainieren. Daraus ergab sich, dass sie sich in allen Monaten, gewissermaßen die Armut nachahmend, auf den Mangel eingestellt haben, damit sie nicht jemals erschreckte, was sie oft erfahren hatten.

(7) Non est nunc quod existimes me dicere Timoneas cenas et pauperum cellas et quidquid aliud est per quod luxuria divitiarum taedio ludit: grabattus ille verus sit et sagum et panis durus ac sordidus. Hoc triduo et quatriduo fer, interdum pluribus diebus, ut non lusus sit sed experimentum: tunc, mihi crede, Lucili, exultabis dipondio satur et intelleges ad securitatem non opus esse fortuna; hoc enim quod necessitati sat est dabit et irata.

(8) Non est tamen quare tu multum tibi facere videaris – facies enim quod multa milia servorum, multa milia pauperum faciunt: illo nomine te suspice, quod facies non coactus, quod tam facile erit tibi illud pati semper quam aliquando experiri. Exerceamur ad palum, et ne imparatos fortuna deprehendat, fiat nobis paupertas familiaris; securius divites erimus si scierimus quam non sit grave pauperes esse.

(9) Certos habebat dies ille magister voluptatis Epicurus quibus maligne famem exstingueret, visurus an aliquid deesset ex plena et consummata voluptate, vel quantum deesset, et an dignum quod quis magno labore pensaret. Hoc certe in iis epistulis ait quas scripsit Charino magistratu ad Polyaenum; et quidem gloriatur non toto asse <se> pasci, Metrodorum, qui nondum tantum profecerit, toto.

(7) Es gibt nun keinen Grund zu glauben, dass ich etwas vorbringe über die Mahlzeiten eines Timon und die Armenstübchen und was auch immer es sonst gibt, womit sich die Verschwendungssucht im Überdruss des Reichtums die Zeit vertreibt: ein gehöriges Ruhebett sollte vorhanden sein und ein Mantel und hartes Brot, und zwar das gewöhnliche. Ertrage das an drei oder vier Tagen, manchmal an mehr Tagen, damit es keine Spielerei, sondern eine Erfahrung ist: dann, glaube mir, Lucilius, wirst du, satt von einem Zwei-As-Stück, frohlocken und begreifen, dass für die Gemütsruhe kein günstiges Schicksal nötig ist; das nämlich, was der Notwendigkeit hinlänglich ist, wird es sogar im Zorn gewähren.

(8) Gleichwohl ist das kein Grund, warum du denken solltest, dass du Großes leistet – du wirst nämlich tun, was viele tausend der Sklaven, was viele tausend der Armen tun: aus jenem Grund respektiere dich, weil du es ohne Zwang tun wirst, weil es dir ebenso leicht sein wird, jenes immerwährend zu ertragen, wie es bisweilen zu erproben. Lasst uns den Übungspfahl bearbeiten – auch damit uns das Schicksal nicht unvorbereitet überrascht, sollte uns die Armut vertraut werden; frei von Sorgen werden wir reich sein, sofern wir erkennen, wie so gar nicht schwer es ist, arm zu sein.

(9) Epikur, der Lehrmeister der Daseinsfreude, verlebte feststehende Tage, an denen er kärglich den Hunger stillte, um zu sehen, ob in Hinsicht auf ein erfülltes und vollendetes Vergnügen irgendetwas fehle, oder wie viel fehle, und ob es angemessen sei, dass man es mit großer Mühe erkaufe. Das sagt er in seinen Briefen, die er unter der Amtsherrschaft von Charinos an Polyainos schrieb; und zwar rühmt er sich, dass er sich von nicht ganz einem As ernährt, Metrodoros, der noch nicht so große Fortschritte gemacht habe, von einem ganzen.

(10) In hoc tu victu saturitatem putas esse? Et voluptas est; voluptas autem non illa levis et fugax et subinde reficienda, sed stabilis et certa. Non enim iucunda res est aqua et polenta aut frustum hordeacii panis, sed summa voluptas est posse capere etiam ex his voluptatem et ad id se deduxisse quod eripere nulla fortunae iniquitas possit.

(11) Liberaliora alimenta sunt carceris, sepositos ad capitale supplicium non tam anguste qui occisurus est pascit: quanta est animi magnitudo ad id sua sponte descendere quod ne ad extrema quidem decretis timendum sit! hoc est praeoccupare tela fortunae.

(12) Incipe ergo, mi Lucili, sequi horum consuetudinem et aliquos dies destina quibus secedas a tuis rebus minimoque te facias familiarem; incipe cum paupertate habere commercium:

aude, hospes, contemnere opes et te quoque dignum finge deo.

(13) Nemo alius est deo dignus quam qui opes contempsit; quarum possessionem tibi non interdico, sed efficere volo ut illas intrepide possideas; quod uno consequeris modo, si te etiam sine illis beate victurum persuaseris tibi, si illas tamquam exituras semper aspexeris.

(10) Denkst du, dass bei einer solchen Lebensweise ein Sättigungsgefühl entsteht? Es ist sogar ein Vergnügen; jedoch nicht jenes leichte, flüchtige und wiederholte Vergnügen zur Erquickung, sondern ein dauerhaftes und wahres. Wasser und Graupen oder ein Stück Gerstenbrot sind nämlich keine erfreuliche Angelegenheit, aber der höchste Genuss ist es, selbst daraus Freude gewinnen zu können, und sich zu etwas getrieben zu haben, das keine Ungerechtigkeit des Schicksals zu rauben vermag.

(11) Reichlicher ist die Verpflegung im Kerker; die zu einer lebensbedrohenden Strafe abgesondert wurden, nährt derjenige, der sie peinigen wird, nicht so spärlich: so groß ist die Stärke des Geistes, dass er sich aus eigenem Antrieb auf dasjenige einlässt, was nicht einmal die zum ärgsten Bestimmten fürchten müssen! Das bedeutet es, den Pfeilen des Schicksals zuvorzukommen.

(12) Beginne also, mein Lucilius, dich nach deren Lebensweise zu richten und lege einige Tage fest, an denen du dich von deinen Geschäften zurückziehst und dich nur sehr wenig um die Familienangelegenheiten kümmerst; beginne mit der Armut im Bunde zu stehen:

Wage es, Gastfreund, den Reichtum zu verachten,
und stelle dich dir vor auch würdig einem Gott.

(13) Kein anderer ist einem Gott würdig als derjenige, der den Reichtum zurückgewiesen hat; sein Eigentum untersage ich dir nicht, sondern ich will bewirken, dass du ihn ohne Sorge besitzen kannst; dieses wirst du auf eine einzige Art und Weise erreichen: wenn du überzeugt bist, dass du auch ohne ihn glücklich leben wirst, wenn du ihn immer betrachtest, als ob er vergehen wird.

(14) Sed iam incipiamus epistulam complicare. 'Prius', inquis, 'redde quod debes'. Delegabo te ad Epicurum, ab illo fiet numeratio: 'Immodica ira gignit insaniam'. Hoc quam verum sit necesse est scias, cum habueris et servum et inimicum.

(15) In omnes personas hic exardescit affectus; tam ex amore nascitur quam ex odio, non minus inter seria quam inter lusus et iocos; nec interest ex quam magna causa nascatur sed in qualem perveniat animum. Sic ignis non refert quam magnus sed quo incidat; nam etiam maximum solida non receperunt, rursus arida et corripi facilia scintillam quoque fovent usque in incendium. Ita est, mi Lucili: ingentis irae exitus furor est, et ideo ira vitanda est non moderationis causa sed sanitatis. Vale.

———

(14) Aber nun wollen wir beginnen, den Brief zusammenzufalten. „Begleiche vorher, was du schuldest", sagst du. Ich werde dich auf Epikur verweisen, von ihm wird die Auszahlung erfolgen: „Der maßlose Zorn bringt unsinniges Betragen hervor." Du musst wissen, wie wahr dies ist, weil du sowohl einen Sklaven als auch einen Feind hattest.

(15) Diese Gemütsverfassung bricht plötzlich bei allen Persönlichkeiten aus; sie erwächst ebenso aus Liebe wie aus Hass, nicht weniger aus ernsthaften Dingen wie aus Spielen und Scherzen; und es ist nicht wichtig, aus wie wenig bedeutendem Grund sie entsteht, sondern in welcherlei Herzen sie gelangt. Derart sich ein Feuer nicht danach bemisst, wie heftig es angreift, sondern wo. Denn massive Dinge nehmen selbst das heftigste [Feuer] nicht an, dagegen trockene und leicht brennbare gleichsam den Funken immerfort begünstigen bis hin zu einem Brand. Es ist so, mein Lucilius: am Ende der ungeheuren Wut steht die Raserei, und deswegen muss der Zorn gemieden werden, nicht um der Selbstbeherrschung, sondern um der Gesundheit willen. Lebe wohl.

———

Liber II – Epistula XIX

Seneca Lucilio suo Salutem,

(1) Exulto quotiens epistulas tuas accipio; implent enim me bona spe, et iam non promittunt de te sed spondent. Ita fac, oro atque obsecro – quid enim habeo melius quod amicum rogem quam quod pro ipso rogaturus sum? Si potes, subducte istis occupationibus; si minus, eripe. Satis multum temporis sparsimus: incipiamus vasa in senectute colligere.

(2) Numquid invidiosum est? In freto viximus, moriamur in portu. Neque ego suaserim tibi nomen ex otio petere, quod nec iactare debes nec abscondere; numquam enim usque eo te abigam generis humani furore damnato ut latebram tibi aliquam parari et oblivionem velim: id age ut otium tuum non emineat sed appareat.

(3) Deinde videbunt de isto quibus integra sunt et prima consilia an velint vitam per obscurum transmittere: tibi liberum non est. In medium te protulit ingenii vigor, scriptorum elegantia, clarae et nobiles amicitiae; iam notitia te invasit; ut in extrema mergaris ac penitus recondaris, tamen priora monstrabunt.

--- ☙ ---

Buch 2 – Brief 19

Seneca grüßt seinen Lucilius,

(1) Ich freue mich sehr, sooft ich deine Briefe erhalte; sie erfüllen mich nämlich mit guter Hoffnung, und sie verheißen nun nicht mehr, sondern sie sind Bürge für dich. So mache es, ich bitte und beschwöre dich – was nämlich habe ich, das ich besser einen Freund bitten könnte, als das, was ich im Begriff stehe, von mir selbst zu verlangen? Falls du in der Lage bist, entziehe dich dieser Geschäfte; wenn nicht, reiße dich los. Recht viel Zeit haben wir vergeudet: lass uns im Alter anfangen aufzubrechen.

(2) Ob das etwa Missfallen erregt? Auf dem wogenden Meer haben wir gelebt, lass uns im Hafen sterben. Aber ich möchte dir nicht raten, aus der Ruhe von der Geschäftstätigkeit, die du weder prahlend ausrufen noch verheimlichen sollst, ein hohes Ansehen zu beanspruchen; niemals jedenfalls würde ich dich, trotz der Missbilligung des Wütens der menschlichen Gattung, so weit von dieser abbringen, dass ich wünschte, dass für dich irgendein Schlupfwinkel eingerichtet wird und so auch das Vergessen: mache es derart, dass deine freie Zeit nicht in den Vordergrund tritt, aber Anerkennung findet.

(3) Diejenigen, die frische und anfängliche Pläne haben, werden dann diesbezüglich sehen können, ob sie das Leben in der Verborgenheit verbringen wollen; dir steht das nicht frei. Die Regsamkeit des Verstands, der feine Geschmack des Schriftwerks, die berühmten und vornehmen Freunde haben dich in der Öffentlichkeit bekannt gemacht; schon hat sich der Ruhm deiner bemächtigt; selbst wenn du bis zum äußersten Ende abtauchen und dich im tiefsten Inneren verbergen würdest, wird Früheres auf dich hinweisen.

(4) Tenebras habere non potes; sequetur quocumque fugeris multum pristinae lucis: quietem potes vindicare sine ullius odio, sine desiderio aut morsu animi tui. Quid enim relinques quod invitus relictum a te possis cogitare? Clientes? Quorum nemo te ipsum sequitur, sed aliquid ex te; amicitia olim petebatur, nunc praeda; mutabunt testamenta destituti senes, migrabit ad aliud limen salutator. Non potest parvo res magna constare: aestima utrum te relinquere an aliquid ex tuis malis.

(5) Utinam quidem tibi senescere contigisset intra natalium tuorum modum, nec te in altum fortuna misisset! Tulit te longe a conspectu vitae salubris rapida felicitas, provincia et procuratio et quidquid ab istis promittitur; maiora deinde officia te excipient et ex aliis alia: quis exitus erit?

(6) Quid exspectas donec desinas habere quod cupias? Numquam erit tempus. Qualem dicimus seriem esse causarum ex quibus nectitur fatum, talem esse [...] cupiditatum: altera ex fine alterius nascitur. In eam demissus es vitam quae numquam tibi terminum miseriarum ac servitutis ipsa factura sit: subduc cervicem iugo tritam; semel illam incidi quam semper premi satius est.

(4) Verborgenheit kannst du nicht erlangen; wohin auch immer du fliehst, ein großer Teil des früheren Glanzes begleitet dich: Ruhe kannst du in Anspruch nehmen – ohne irgendjemandes Hass, ohne Sehnsucht oder Bitterkeit deines Herzens. Was gibst du denn auf, das du widerstrebend im Sinne haben könntest, nachdem es von dir zurückgelassen wurde? Die Klienten? Niemand von denen richtet sein Augenmerk auf dich persönlich, sondern auf irgendetwas *von* dir; einst wurde die Freundschaft angestrebt, nun die Beute; die im Stich gelassenen alten Leute werden ihre Testamente ändern, der morgendliche Besucher wird zu einer anderen Schwelle weiterziehen. Eine bedeutende Sache kann nicht auf Geringem beruhen: wäge ab, ob du lieber dich aufgeben willst oder etwas von deinem Habe.

(5) Wenn dir doch wenigstens zuteil geworden wäre, innerhalb der Grenze deiner Herkunft, alt zu werden, und dich das Schicksal nicht in die Höhe geleitet hätte! Der schnelle Erfolg hat dich weit von der Betrachtung eines gehörigen Lebens davongetragen; die Provinz, das Amt des Prokurators und alles, was von diesen verheißen wird; bedeutendere Pflichten werden dich danach erwarten und sogleich nach den einen die anderen: was wird das Ende sein?

(6) Was wartest du solange, bis du nicht mehr erlangen kannst, was du wünschst? Die rechte Zeit wird es niemals geben. Wir behaupten, dass es eine Abfolge von Ursachen gibt, aus denen die Weltordnung geknüpft wird, und dass es eine solche des ehrgeizigen Strebens gibt: das eine wird unmittelbar aus dem Ende des anderen geboren. Du bist in jene hineingestoßen worden, welche dir niemals von selbst ein Ende der Mühen und der Knechtschaft bereiten wird: entziehe deinen abgeriebenen Nacken dem Sklavenjoch. Ich habe jene [Abfolge], die es immer besser ist nicht aufkommen zu lassen, ein für alle Mal unterbrochen.

(7) Si te ad privata rettuleris, minora erunt omnia, sed affatim implebunt: at nunc plurima et undique ingesta non satiant. Utrum autem mavis ex inopia saturitatem an in copia famem? Et avida felicitas est et alienae aviditati exposita; quamdiu tibi satis nihil fuerit, ipse aliis non eris.

(8) 'Quomodo', inquis, 'exibo?' Utcumque. Cogita quam multa temere pro pecunia, quam multa laboriose pro honore temptaveris: aliquid et pro otio audendum est, aut in ista sollicitudine procurationum et deinde urbanorum officiorum senescendum, in tumultu ac semper novis fluctibus quos effugere nulla modestia, nulla vitae quiete contingit. Quid enim ad rem pertinet an tu quiescere velis? Fortuna tua non vult. Quid si illi etiam nunc permiseris crescere? Qantum ad successus accesserit accedet ad metus.

(9) Volo tibi hoc loco referre dictum Maecenatis vera in ipso eculeo elocuti: 'Ipsa enim altitudo attonat summa.' Si quaeris in quo libro dixerit, in eo qui Prometheus inscribitur. Hoc voluit dicere, attonita habet summa. Est ergo tanti ulla potentia ut sit tibi tam ebrius sermo? Ingeniosus ille vir fuit, magnum exemplum Romanae eloquentiae daturus nisi illum enervasset felicitas, immo castrasset. Hic te exitus manet nisi iam contrahes vela, nisi, quod ille sero voluit, terram leges.

(7) Wenn du dich dem Privaten zuwendest, wird alles bescheidener, aber es wird dich mehr als genug zufriedenstellen: doch im Augenblick befriedigen dich die vielen und von allen Seiten aufgedrängten Dinge nicht. Ob du aber aus dem Mangel heraus den Überfluss oder im Reichtum den Hunger vorziehst? Der Erfolg ist sowohl unersättlich als auch fremder Begierde ausgesetzt; solange *dir* nichts genug ist, wirst *du* es auch nicht den anderen sein.

(8) „Wie werde ich da herauskommen?" entgegnest du. So gut wie möglich! Bedenke, wie viel du auf gut Glück fürs Geld, wie viel du emsig für ein Amt versuchtest; etwas muss man auch für die Muße wagen, oder in dieser unruhigen Spannung der Provinzialverwaltung und anschließend der städtischen Ämter alt werden, in dem Trubel und den immer neuen Unruhen, denen zu entfliehen durch keine Besonnenheit, durch keine Beruhigung der Lebensweise gelingt. Was tut es nämlich zur Sache, ob du es wünschst, zur Ruhe zu kommen? Deine Stellung hält es nicht für wünschenswerter. Was, wenn du ihr auch jetzt noch erlaubst, an Macht zu gewinnen. In dem Maße, wie sie an den Erfolg heranrückt, wird sie an die Besorgnis heranrücken.

(9) Ich will dir an dieser Stelle eine Äußerung von Maecenas vortragen, der selbst unter Folter wahre Dinge gesprochen hat: „Die Höhe selbst nämlich überzieht die Gipfel mit Donner." Falls du fragst, in welchem Buch er das geäußert hat: in dem, das mit dem Titel „Prometheus" versehen ist. Folgendes wollte er sagen: wie vom Schlag gerührt, hält die höchste Stellung gefangen. Ist also irgendeine politische Machtstellung so viel wert, dass du dir eine so überreichliche Ausdrucksweise zu eigen machst? Jener Mann war geistreich, hätte ein großes Vorbild der römischen Redekunst abgeben können, wenn der Erfolg ihn nicht entkräftet, ja sogar entmannt hätte. Dies erwartet dich am Ende, wenn du nicht die Segel einziehst, wenn du dich nicht, was jener zu spät beschloss, nahe an der Küste hältst.

(10) Poteram tecum hac Maecenatis sententia parem facere rationem, sed movebis mihi controversiam, si novi te, nec voles quod debeo in aspero et probo accipere. Ut se res habet, ab Epicuro versura facienda est. 'Ante', inquit, 'circumspiciendum est cum quibus edas et bibas quam quid edas et bibas; nam sine amico visceratio leonis ac lupi vita est.'

(11) Hoc non continget tibi nisi secesseris: alioquin habebis convivas quos ex turba salutantium nomenclator digesserit; errat autem qui amicum in atrio quaerit, in convivio probat. Nullum habet maius malum occupatus homo et bonis suis obsessus quam quod amicos sibi putat quibus ipse non est, quod beneficia sua efficacia iudicat ad conciliandos animos, cum quidam quo plus debent magis oderint: leve aes alienum debitorem facit, grave inimicum.

(12) 'Quid ergo? Beneficia non parant amicitias?' Parant, si accepturos licuit eligere, si collocata, non sparsa sunt. Itaque dum incipis esse mentis tuae, interim hoc consilio sapientium utere, ut magis ad rem existimes pertinere quis quam quid acceperit. Vale.

(10) Mit diesem Satz von Maecenas war ich im Stande, eine angemessene Rechnung mit dir aufzusetzen, aber, so wie ich dich kenne, wirst du eine Auseinandersetzung mit mir beginnen, und wirst das, was ich schulde, nicht in abgegriffener und doch guter [Münze] annehmen wollen. Wie sich die Sache verhält, muss eine Anleihe bei Epikur gemacht werden. „Eher muss überlegt werden", sagt er, „mit wem du isst und trinkst, als was du isst und trinkst; denn ohne Freund ist die Lebensart eine Fütterung von Löwe und Wolf."

(11) Das wird dir nur gelingen, wenn du dich zurückziehst: andernfalls wirst du Gäste haben, die der Nomenklator aus der Menge der morgendlichen Besucher ausersehen hat; es irrt jedoch, der einen Freund in seiner Eingangshalle sucht und bei einem Gastmahl auf die Probe stellt. Einen in Anspruch genommenen und von seinem Besitz beherrschten Manne hat kein größeres Übel ergriffen, als dass er sich zu Freunden rechnet, denen er selbst keiner ist, weil er seine Wohltaten als wirksame Tätigkeit beurteilt, um Herzen zu gewinnen, obgleich einige, die viel schuldig sind, im höheren Grade hassen: geringe Schulden bringen einen Schuldner hervor, hohe [Schulden] einen Feind.

(12) „Was also? Verhelfen Gefälligkeiten nicht zu Freunden?" Sie verhelfen [dazu], wenn du diejenigen, die sie empfangen werden, auswählen darfst, wenn sie wohl angelegt und nicht vergeudet wurden. Also beginne nun, deines eigenen Geistes zu sein; einstweilen folge dem Rat der Philosophen, damit du eher als maßgebend zu sein erachtest, wer empfängt, als was.

Liber II – Epistula XX

Seneca Lucilio suo Salutem,

(1) Si vales et te dignum putas qui aliquando fias tuus, gaudeo; mea enim gloria erit, si te istinc ubi sine spe exeundi fluctuaris extraxero. Illud autem te, mi Lucili, rogo atque hortor, ut philosophiam in praecordia ima demittas et experimentum profectus tui capias non oratione nec scripto, sed animi firmitate, cupiditatum deminutione: verba rebus proba.

(2) Aliud propositum est declamantibus et assensionem coronae captantibus, aliud his qui iuvenum et otiosorum aures disputatione varia aut volubili detinent: facere docet philosophia, non dicere, et hoc exigit, ut ad legem suam quisque vivat, ne orationi vita dissentiat vel ipsa inter se vita; <ut> unus sit omnium actionum [dissentio]num color. Maximum hoc est et officium sapientiae et indicium, ut verbis opera concordent, ut ipse ubique par sibi idemque sit. 'Quis hoc praestabit?' Pauci, aliqui tamen. Est enim difficile [hoc]; nec hoc dico, sapientem uno semper iturum gradu, sed una via.

Buch 2 – Brief 20

Seneca grüßt seinen Lucilius,

(1) Ich freue mich, wenn du gesund bist und dich für würdig hältst, dass du irgendwann einmal dein eigener Herr wirst. Es wird mir nämlich zur Ehre gereichen, wenn ich dich von dort befreit habe, wo du, ohne Hoffnung zu entkommen, auf den Wellen treibst. Um Folgendes aber, mein Lucilius, bitte und ermuntere ich dich, dass du die Philosophie tief im Herzen aufnimmst und den Beweis deines Fortschritts nicht durch eine Rede und auch nicht durch eine Schrift antrittst, sondern durch die Festigung des Geistes und die Schwächung der Leidenschaften: beweise Worte durch Taten!

(2) Eine andere Lebensweise haben diejenigen, die Übungsreden halten und nach der Zustimmung der Zuhörerschaft streben; eine andere haben diejenigen, welche die Ohren der jungen Leute und Müßiggänger mit launenhaftem oder unbeständigem Streitgespräch in Beschlag nehmen: die Philosophie lehrt zu handeln, nicht zu reden, und sie fordert, dass ein jeder nach seinen Regeln lebt, dass das Leben nicht mit der Rede oder das Leben zu sich selbst im Widerspruch steht; dass der äußere Anstrich aller im Widerspruch stehender Handlungen ein einziger ist. Dieses ist sowohl die größte Aufgabe der Weisheit als auch ihr Kennzeichen, dass die Taten mit den Worten übereinstimmen, dass einer sich selbst überall gleich und derselbe bleibt. „Wer wird dieses leisten?" Wenige, gleichwohl einige. Dies ist nämlich schwierig; und ich behaupte jetzt nicht, dass ein Philosoph stets mit ein und demselben Schritt gehen wird, aber auf ein und demselben Weg.

(3) Observa te itaque, numquid vestis tua domusque dissentiant, numquid in te liberalis sis, in tuos sordidus, numquid cenes frugaliter, aedifices luxuriose unam semel ad quam vivas regulam prende et ad hanc omnem vitam tuam exaequa. Quidam se domi contrahunt, dilatant foris et extendunt: vitium est haec diversitas et signum vacillantis animi ac nondum habentis tenorem suum.

(4) Etiam nunc dicam unde sit ista inconstantia et dissimilitudo rerum consiliorumque: nemo proponit sibi quid velit, nec si proposuit perseverat in eo, sed transilit; nec tantum mutat sed redit et in ea quae deseruit ac damnavit revolvitur.

(5) Itaque ut relinquam definitiones sapientiae veteres et totum complectar humanae vitae modum, hoc possum contentus esse: quid est sapientia? Semper idem velle atque idem nolle. Licet illam exceptiunculam non adicias, ut rectum sit quod velis; non potest enim cuiquam idem semper placere nisi rectum.

(6) Nesciunt ergo homines quid velint nisi illo momento quo volunt; in totum nulli velle aut nolle decretum est; variatur cotidie iudicium et in contrarium vertitur ac plerisque agitur vita per lusum. Preme ergo quod coepisti, et fortasse perduceris aut ad summum aut eo quod summum nondum esse solus intellegas.

(3) Beobachte dich deshalb aufmerksam, ob deine Kleidung und dein Haushalt nicht im Widerspruch stehen, ob du gegen dich freigiebig, gegen die Deinen geizig bist, ob du sparsam isst, übertrieben baust; ergreife nur einmal eine Richtschnur, nach der du leben sollst, und gleiche dein ganzes Leben an sie an. Etliche beschränken sich zuhause, dehnen und breiten sich in der Öffentlichkeit aus. Dieser Gegensatz ist ein Fehler und das Zeichen eines schwankenden und seine Eigenart noch nicht besitzenden Charakters.

(4) Nun möchte ich auch benennen, wodurch diese Unbeständigkeit und Verschiedenartigkeit der Taten und Absichten entsteht: niemand beschließt für sich, was er will, und er bleibt auch nicht standhaft, wenn er sich etwas vorgenommen hat, sondern er übergeht es; und er ändert nicht *eine* Kleinigkeit, sondern kehrt wieder zurück, und er verfällt wieder in dieselben [Dinge], die er aufgegeben und verdammt hat.

(5) Um die alten Bestimmungen der Weisheit aufzugeben und die ganze Art und Weise des menschlichen Lebens zu begreifen, kann ich deshalb mit Folgendem zufrieden sein: Was ist Weisheit? Immer dasselbe wollen und dasselbe nicht wollen. Selbst wenn du nicht jene kleine Einschränkung hinzufügst, dass rechtschaffen ist, was du willst; es kann nämlich irgendeinem nicht immer dasselbe gefallen, wenn es nicht rechtschaffen ist.

(6) Die Menschen wissen folglich nicht, was sie wollen, außer in jenem Augenblick, in dem sie es wollen; niemand kann einen Entschluss im vollen Umfang wollen oder nicht wollen; täglich wird die Ansicht gewechselt und ins Gegenteil gewendet und noch dazu wird das Leben in den meisten Fällen wie ein Spiel geführt. Verfolge also, was du begonnen hast, und du wirst hoffentlich geführt werden, entweder zur größter Höhe oder dahin, dass du bloß erkennst, dass es das Höchste noch nicht gibt.

(7) 'Quid fiet', inquis, 'huic turbae familiarium sine re familiari?' Turba ista cum a te pasci desierit, ipsa se pascet, aut quod tu beneficio tuo non potes scire, paupertatis scies: illa veros certosque amicos retinebit, discedet quisquis non te se aliud sequebatur. Non est autem vel ob hoc unum amanda paupertas, quod a quibus ameris ostendet? O quando ille veniet dies quo nemo in honorem tuum mentiatur!

(8) Huc ergo cogitationes tuae tendant, hoc cura, hoc opta, omnia alia vota deo remissurus, ut contentus sis temet ipso et ex te nascentibus bonis. Quae potest esse felicitas propior? Redige te ad parva ex quibus cadere non possis, idque ut libentius facias, ad hoc pertinebit tributum huius epistulae, quod statim conferam.

(9) Invideas licet, etiam nunc libenter pro me dependet Epicurus. 'Magnificentior, mihi crede, sermo tuus in grabatto videbitur et in panno; non enim dicentur tantum illa sed probabuntur.' Ego certe aliter audio quae dicit Demetrius noster, cum illum vidi nudum, quanto minus quam [in] stramentis incubantem: non praeceptor veri sed testis est.

(7) Du fragst: „Was wird ohne Privatvermögen aus meiner jetzigen Anhängerschaft?" Wenn jener Haufen es unterlässt, von dir gefüttert zu werden, wird er sich selbst Nahrung geben, oder, was du durch deine Gefälligkeit nicht erfahren kannst, du wirst wenigstens die Armut verstehen: sie wird die wahren und zuverlässigen Freunde erhalten, sie wird jeden einzelnen scheiden, der nicht dir, sondern einem anderen folgte. Muss man aber die Armut nicht schon wegen dieser einen Sache gern haben, weil sie zeigen wird, von welchen du geliebt wirst? Oh, wann kommt jener Tag, an dem niemand dir zu Ehren lügen möge.

(8) Darauf also sollten sich deine Überlegungen erstrecken, um dieses sorge dich, dieses wähle, auf alle anderen Wünsche an einen Gott verzichten wollend, damit du mit dir selbst und den Reichtümern, die aus dir [selbst] heraus entstehen, zufrieden bist. Welches Glück kann näher liegen sein? Beschränke dich auf die kleinen Dinge, da Du von diesen nicht herabstürzen kannst, und damit Du das freudiger tust, wird zudem das Geschenk dieses Briefes dienen, das ich augenblicklich zusammenstelle.

(9) Magst du mich auch scheel ansehen, Epikur wird immer noch gern für mich begleichen. „Großartiger, glaube mir, wird dein Wort auf dem Krankenbett und in ärmlicher Kleidung wahrgenommen; denn jene werden nicht nur gesprochen, sondern anerkannt werden." Ich höre bestimmt auf eine andere Weise zu, was unser Demetrios sagt, nachdem ich ihn unbedeckt gesehen habe, während er auf so viel weniger als auf Stroh lag: er ist nicht der Lehrer der Wahrheit, sondern ihr Zeuge.

(10) 'Quid ergo? Non licet divitias in sinu positas contemnere?' Quidni liceat? Et ille ingentis animi est qui illas circumfusas sibi, multum diuque miratus quod ad se venerint, ridet suasque audit magis esse quam sentit. Multum est non corrumpi divitiarum contubernio; magnus ille qui in divitiis pauper est.

(11) 'Nescio', inquis, 'quomodo paupertatem iste laturus sit, si in illam inciderit.' Nec ego, [Epicure +++], si iste pauper contempturus sit divitias, si in illas inciderit; itaque in utroque mens aestimanda est inspiciendumque an ille paupertati indulgeat, an hic divitiis non indulgeat. Alioquin leve argumentum est bonae voluntatis grabattus aut pannus, nisi apparuit aliquem illa non necessitate pati sed malle.

(12) Ceterum magnae indolis est ad ista non properare tamquam meliora, sed praeparari tamquam ad facilia. Et sunt, Lucili, facilia; cum vero multum ante meditatus accesseris, iucunda quoque; inest enim illis, sine qua nihil est iucundum, securitas.

(10) „Was also? Ist es nicht möglich, den Reichtum, der einem in den Schoß gelegt wurde, geringzuachten?" Warum soll es nicht möglich sein? Auch jener hat einen außerordentlichen Charakter, der, von jenem umgeben, sich [selbst] verspottet, nachdem er sich groß und lange gewundert hat, wie er zu ihm gekommen ist, und er hört mehr, dass sein [Reichtum] vorhanden ist, als dass er ihn fühlt. Es bedeutet viel, sich nicht im Gefolge des Reichtums verderben zu lassen; groß ist jener, der im Reichtum arm ist.

(11) „Ich weiß nicht", wendest du ein, „wie dieser da die Armut ertragen würde, wenn er in sie hineingerät." Und ich nicht, [Epikur ...], ob dieser Arme den Reichtum gleichgültig hinnehmen würde, wenn er in ihn hineingerät; deshalb muss nach beiden Seiten die Gesinnung eingeschätzt und untersucht werden, ob sich der eine der Armut hingibt, ob sich der andere nicht dem Reichtum hingibt. Im Übrigen sind Armenbett und Lumpen ein flüchtiger Beweis des guten Willens, wenn es sich nicht erwiesen hat, dass jemand sie nicht durch Zwang erlitt, sondern sie vorgezogen hat.

(12) Im Übrigen zeugt von einem bedeutenden Charakter, zu jener [Armut] nicht wie zu etwas Besserem zu eilen, sondern sich wie auf etwas Leichteres vorzubereiten. Und, Lucilius, es ist etwas Leichteres; wenn Du ihr durch vorherige Einübung tatsächlich ein großes Stück nähergekommen sein wirst, ist sie gleichfalls auch erfreulich; ihr wohnt nämlich eine Sorglosigkeit inne, ohne die nichts angenehm ist.

(13) Necessarium ergo iudico id quod tibi scripsi magnos viros saepe fecisse, aliquos dies interponere quibus nos imaginaria paupertate exerceamus ad veram; quod eo magis faciendum est quod deliciis permaduimus et omnia dura ac difficilia iudicamus. Potius excitandus e somno et vellicandus est animus admonendusque naturam nobis minimum constituisse. Nemo nascitur dives; quisquis exit in lucem iussus est lacte et panno esse contentus: ab his initiis nos regna non capiunt. Vale.

---

(13) Ich halte folglich dasjenige für notwendig, ich habe es dir geschrieben, was große Männer oft gemacht haben: einige Tage einschieben, in denen wir uns in scheinbarer Armut auf die tatsächliche einüben; das muss umso mehr getan werden, weil wir durch sinnliche Genüsse erschlafft sind und alles Harte und Schwierige verurteilen. Vielmehr muss der Geist aus seiner Trägheit zu etwas aufgescheucht, angeregt und ermahnt werden, dass die Natur uns am wenigsten bestimmt hat. Niemand wird reich geboren: jeder, der in das Licht der Welt hinaustritt, ist aufgefordert, mit Milch und Windel zufrieden zu sein: von diesen Anfängen her verlocken uns keine Königreiche. Lebe wohl.

———

Liber II – Epistula XXI

Seneca Lucilio suo Salutem,

(1) Cum istis tibi esse negotium iudicas de quibus scripseras? Maximum negotium tecum habes, tu tibi molestus es. Quid velis nescis, melius probas honesta quam sequeris, vides ubi sit posita felicitas sed ad illam pervenire non audes. Quid sit autem quod te impediat, quia parum ipse dispicis, dicam: magna esse haec existimas quae relicturus es, et cum proposuisti tibi illam securitatem ad quam transiturus es, retinet te huius vitae a qua recessurus es fulgor tamquam in sordida et obscura casurum.

(2) Erras, Lucili: ex hac vita ad illam ascenditur. Quod interest inter splendorem et lucem, cum haec certam originem habeat ac suam, ille niteat alieno, hoc inter hanc vitam et illam: haec fulgore extrinsecus veniente percussa est, crassam illi statim umbram faciet quisquis obstiterit: illa suo lumine illustris est. Studia te tua clarum et nobilem efficient.

(3) Exemplum Epicuri referam. Cum Idomeneo scriberet et illum a vita speciosa ad fidelem stabilemque gloriam revocaret, regiae tunc potentiae ministrum et magna tractantem, 'si gloria', inquit, 'tangeris, notiorem te epistulae meae facient quam omnia ista quae colis et propter quae coleris'.

　❧　

Buch 2 – Brief 21

Seneca grüßt seinen Lucilius,

(1) Du glaubst, nur diese da, von denen du geschrieben hattest, machen dir zu schaffen? Am meisten hast du mit dir selbst zu tun, *du* bist dir beschwerlich. Du weißt nicht, was du willst; trefflicher untersuchst du das sittlich Gute, als dass du es befolgst; du erkennst, wo das Glück gelegen ist, wagst aber nicht, zu ihm zu gelangen. Was es aber wohl ist, das dich abhält, werde ich dir sagen, weil du selbst es nicht deutlich wahrnimmst: du bist der Ansicht, dass dieses, das du aufgeben willst, von hohem Wert ist, und jedes Mal wenn du dir jene Sorglosigkeit in Aussicht gestellt hast, zu der du zu gelangen beabsichtigst, hält dich der Glanz dieser Lebensweise, von der du dich zurückziehen willst, zurück, als ob du vorhast, dich im Schmutzigen und Finsteren zu verlieren.

(2) Du machst einen Fehler Lucilius: vom gegenwärtigen Leben schwingt man sich zu dem folgenden auf. Derselbe Unterschied, der zwischen dem Glanz und dem Licht besteht (während dieses einen unbestreitbaren, und sogar einen ihm eigenen Ursprung besitzt, erstrahlt jener durch Fremdes), der besteht zwischen diesem Leben und jenem: ersteres ist von einem Lichtschein getroffen worden, der von außen kam, und jeder, der im Weg steht, wird sogleich einen dichten Schatten auf jenes werfen: das folgende ist von seinem eigenen Licht erleuchtet. Deine Studien werden dich bekannt und berühmt machen.

(3) Ich werde auf ein Beispiel von Epikur zurückgreifen. Als er Idomeneus geschrieben und jenen vom verblendeten Leben zum zuverlässigen und dauerhaften Ruhm zurückgeführt hat – zu der Zeit als Diener eines mächtigen Königs und bedeutende Dinge verhandelnd –, sagte er: „Wenn du zu Ruhm gelangst, machen dich meine Briefe bekannter, als all jenes, was du achtest und weswegen du geachtet wirst."

(4) Numquid ergo mentitus est? Quis Idomenea nosset nisi Epicurus illum litteris suis incidisset? Omnes illos megistanas et satrapas et regem ipsum ex quo Idomenei titulus petebatur oblivio alta suppressit. Nomen Attici perire Ciceronis epistulae non sinunt. Nihil illi profuisset gener Agrippa et Tiberius progener et Drusus Caesar pronepos; inter tam magna nomina taceretur nisi <sibi> Cicero illum applicuisset.

(5) Profunda super nos altitudo temporis veniet, pauca ingenia caput exserent et in idem quandoque silentium abitura oblivioni resistent ac se diu vindicabunt. Quod Epicurus amico suo potuit promittere, hoc tibi promitto, Lucili: habebo apud posteros gratiam, possum mecum duratura nomina educere. Vergilius noster duobus memoriam aeternam promisit et praestat:

Fortunati ambo! Si quid mea carmina possunt,
nulla dies umquam memori vos eximet aevo,
dum domus Aeneae Capitoli immobile saxum
accolet imperiumque pater Romanus habebit.

(6) Quoscumque in medium fortuna protulit, quicumque membra ac partes alienae potentiae fuerant, horum gratia viguit, domus frequentata est, dum ipsi steterunt: post ipsos cito memoria defecit. Ingeniorum crescit dignatio nec ipsis tantum honor habetur, sed quidquid illorum memoriae adhaesit excipitur.

(4) Hat er nun also sein Wort nicht gehalten? Wer würde Idomeneus kennen, wenn Epikur ihn nicht in seinen Briefen verewigt hätte? Alle jene Würdenträger, Statthalter und selbst der König, von dem das Ansehen des Idomeneus entlehnt wurde, hat das Vergessen in den Tiefen verborgen. Die Briefe von Cicero lassen den Namen von Atticus nicht vergehen. In keiner Weise wäre ihm der Schwiegersohn, Agrippa, nützlich gewesen, in keiner Weise der Gatte der Enkelin, Tiberius, und auch keineswegs der Urenkel, Drusus Caesar; er wäre zwischen so großen Namen verschwunden, wenn sich Cicero ihm nicht zugewendet hätte.

(5) Die unermessliche Tiefe der Zeit wird über uns einbrechen; wenige große Geister werden ihr Haupt erheben und, obgleich sie über kurz oder lang in dieselbe Stille dahinscheiden, dem Vergessen Widerstand entgegensetzen und sich daher lange [davor] bewahren. Was Epikur seinem Freund in Aussicht stellen konnte, das stelle ich dir in Aussicht, Lucilius: ich werde bei den Nachfahren Ansehen besitzen, ich kann Namen mit mir emporführen, die andauern werden. Zweien hat unser Vergil ewiges Gedenken versprochen und tatsächlich gewährt er es:

Von Glück begünstigt beide zugleich! Falls etwas vermögen meine Lieder,
kein Tag wird euch jemals aus dem Gedächtnis der Ewigkeit entnommen,
solange das Geschlecht des Aeneas den unerschütterlichen Fels des Ka-
pitols bewohnt und der römische Ahnherr die Macht innehat.

(6) Wen auch immer der Erfolg in der Öffentlichkeit bekannt gemacht hat, welche auch immer Glieder oder Teile einer fremden Macht gewesen waren – deren Ansehen blühte, ihr Haus war gut besucht, während sie persönlich auf der Stelle traten: danach ist die Erinnerung an sie selbst bald erloschen. Die Wertschätzung der großen Geister entsteht nach und nach, und die Achtung wird nicht nur ihnen selbst erwiesen, sondern es wird alles aufgenommen, was sich ihrem Andenken angehängt hat.

(7) Ne gratis Idomeneus in epistulam meam venerit, ipse eam de suo redimet. Ad hunc Epicurus illam nobilem sententiam scripsit qua hortatur ut Pythoclea locupletem non publica nec ancipiti via faciat. 'Si vis', inquit, 'Pythoclea divitem facere, non pecuniae adiciendum sed cupiditati detrahendum est.'

(8) Et apertior ista sententia est quam <ut> interpretanda sit, et disertior quam ut adiuvanda. Hoc unum te admoneo, ne istud tantum existimes de divitiis dictum: quocumque transtuleris, idem poterit. Si vis Pythoclea honestum facere, non honoribus adiciendum est sed cupiditatibus detrahendum; si vis Pythoclea esse in perpetua voluptate, non voluptatibus adiciendum est sed cupiditatibus detrahendum; si vis Pythoclea senem facere et implere vitam, non annis adiciendum est sed cupiditatibus detrahendum.

(9) Has voces non est quod Epicuri esse iudices: publicae sunt. Quod fieri in senatu solet faciendum ego in philosophia quoque existimo: cum censuit aliquis quod ex parte mihi placeat, iubeo illum dividere sententiam et sequor quod probo.

Eo libentius Epicuri egregia dicta commemoro, ut istis qui ad illum confugiunt spe mala inducti, qui velamentum ipsos vitiorum suorum habituros existimant, probent quocumque ierint honeste esse vivendum.

(7) Damit Idomeneus nicht unentgeltlich in meinen Brief gelangt, wird er ihn selbst aus eigenen Mitteln freikaufen. An diesen hat Epikur jenen berühmtem Satz geschrieben, in dem er ihn auffordert, Pythokles nicht auf dem gewöhnlichen und zweischneidigen Weg zu Wohlstand zu verhelfen. „Wenn du Pythokles reich machen willst", sagt er, „muss nicht das Vermögen vergrößert, sondern die Geldgier vermindert werden."

(8) Und tatsächlich ist dieser Satz zu deutlich, als dass man ihn auslegen, und auch zu gut formuliert, als dass man nachhelfen müsste. Vor einer einzigen Sache warne ich dich: dass du denkst, dieses wurde nur über den Reichtum gesagt: worauf auch immer du es überträgst, es wird dennoch gelten. Wenn du Pythokles zur Tugend verhelfen willst, müssen nicht Ehrenbezeugungen hinzugefügt, sondern die ehrgeizigen Bestrebungen vermindert werden; wenn du wünschst, dass Pythokles in fortwährender Sinnesfreude lebt, müssen nicht die Freuden vermehrt, sondern die Leidenschaften vermindert werden; wenn du Pythokles ein reifes Alter gewähren und das Leben zur Vollendung bringen willst, müssen nicht Lebensjahre hinzugefügt, sondern die Lebensbedürfnisse verringert werden.

(9) Es gibt keinen Grund zu glauben, dass diese Äußerungen Epikur gehören: sie stehen der Allgemeinheit offen. Was gewöhnlich im Senat gemacht wird, denke ich, ist auch in der Philosophie zu tun: wenn jemand etwas beantragt hat, das mir zum Teil gefällt, verlange ich, diesen Antrag zu unterteilen, und schließe mich dem an, was ich für gut befinde.

Umso lieber wiederhole ich die vorzüglichen Worte Epikurs, damit sie denjenigen, die, von der Aussicht auf Lasterhaftes geleitet, bei jenem Zuflucht suchen, [und] die glauben, dass sie sogar einen Deckmantel für ihre Verfehlungen besitzen werden, den Nachweis liefern, dass, wohin auch immer sie kommen, ehrenwert gelebt werden muss.

(10) Cum adieris eius hortulos [+et inscriptum hortulis+]: 'HOSPES HIC BENE MANEBIS, HIC SVMMVM BONVM VOLVPTAS EST', paratus erit istius domicilii custos hospitalis, humanus, et te polenta excipiet et aquam quoque large ministrabit et dicet: 'Ecquid bene acceptus es?' 'Non irritant', inquit, 'hi hortuli famem sed exstinguunt, nec maiorem ipsis potionibus sitim faciunt, sed naturali et gratuito remedio sedant; in hac voluptate consenui.'

(11) De his tecum desideriis loquor quae consolationem non recipiunt, quibus dandum est aliquid ut desinant. Nam de illis extraordinariis quae licet differre, licet castigare et opprimere, hoc unum commonefaciam: ista voluptas naturalis est, non necessaria. Huic nihil debes; si quid impendis, voluntarium est. Venter praecepta non audit: poscit, appellat. Non est tamen molestus creditor: parvo dimittitur, si modo das illi quod debes, non quod potes. Vale.

(10) Wenn du seine Gärtchen und die Inschrift an dem kleinen Park aufsuchst: „FREMDER, HIER WIRST DU WOHL VERWEILEN, HIER IST DIE FREUDE DAS HÖCHSTE GUT", wird der gastfreundliche, gebildete Hüter dieser Stätte bereit stehen und dich sowohl mit Gerstengraupen bewirten als auch reichlich Wasser dir einschenken und sagen: „Ob du wohl gut empfangen worden bist?" „Diese Gärtchen regen nicht den Hunger an", sagt er, „sondern sie stillen ihn, und selbst mit ihren Getränken erzeugen sie keinen größeren Durst, sondern sie löschen ihn mit einem natürlichen und kostenlosen Mittel; in solchem Genuss bin ich alt geworden."

(11) Über diese Bedürfnisse spreche ich mit dir, die keine Beruhigung zulassen, denen man etwas zugestehen muss, damit sie ein Ende nehmen. Denn hinsichtlich jener auserlesenen [Bedürfnisse], die man aufschieben kann, die zu zügeln und zu unterdrücken möglich ist, möchte ich an dieses eine erinnern: diese Neigung ist angeboren, nicht unausweichlich. Du bist dieser zu nichts verpflichtet; wenn du etwas [dafür] aufwendest, ist es auf freiem Willen. Der Magen fügt sich nicht den Anweisungen: er fordert, er mahnt. Trotzdem ist er kein kleinlicher Gläubiger: mit Geringem wird er befriedigt, wenn du ihm nur gibst, was du schuldest, nicht, was du kannst. Lebe wohl.